DICCIONARIO DE
INGLÉS
NORTEAMERICANO
COMÚN

DICTIONARY OF
COMMON
AMERICAN
ENGLISH

CARLOS B. VEGA, Ph.D

All inquiries should be addressed to:
Barron's Educational Series, Inc.
250 Wireless Boulevard
Hauppauge, NY 11788
www.barronseduc.com

ISBN-13: 978-0-7641-4587-2
ISBN-10: 0-7641-4587-8

Library of Congress Catalog Card 2010009944

Library of Congress Cataloging-in-Publication Data
Vega, Carlos B.
   Diccionario de inglés norteamericano común : words, phrases, idioms,
sayings, slang to speak English like a native / Carlos B. Vega, Ph.D.
      p. cm.
   The entries are in English, and the entry explanations are in Spanish.
   ISBN-13: 978-0-7641-4587-2 (alk. paper)
   ISBN-10: 0-7641-4587-8 (alk. paper)
1. English language—United States—Idioms—Dictionaries—Spanish.
2. English language—Conversation and phrase books—Spanish. 3. English
language—Textbooks for foreign speakers—Spanish. 4. Americanisms—
Dictionaries—Spanish. I. Title.
   PE1129.S8.V34 2010
   463'.21—dc22   2010009944

Printed in the United States of America
9 8 7 6 5 4 3 2 1

Contenido

Presentación

Hablar no consiste en el mero hecho de emitir palabras. Hablar requiere coordinar ideas y conceptos que frecuentemente se expresan mediante modismos y frases idiomáticas, y que en el caso del inglés abarcan sobre el 30% del lenguaje habitual. En este diccionario se recogen más de 4.000 de tales modismos y frases idiomáticas, todos acompañados por claras y concisas definiciones y equivalentes en español, muchos provistos de abundantes ejemplos. Se incluyen también palabras y frases *slang,* que es nuestra jerga o argot, o sea, el lenguaje de la calle que poco a poco se va integrando al habla común.

Este libro resultará muy útil para el estudiante que desea ampliar y mejorar su comunicación en inglés en situaciones diarias reales. Va dirigido al estudiante hispano de cualquier nivel de aprendizaje, desde el básico hasta el más avanzado.

Los modismos no son refranes o dichos sino frases que se forman con palabras que por sí mismas poseen significados distintos. Pueden citarse como ejemplos: *to pull one's leg* que resulta ser "tomar el pelo", *to kick the bucket* que viene a ser "irse al otro mundo", *Spare me* ("No me fastidies o molestes"), o *monkey business* ("payasadas"). Aprender esta clase de inglés es vital para salir adelante.

En las equivalencias y definiciones se ha tratado de emplear un español común y asequible a todo hispanohablante, el que el inglés llama *universal Spanish.* En los casos que lo exigen se ha dado una definición del sentido de la frase en ingles, bien por no existir una traducción directa y cabal, como *blue states,* o por tener múltiples traducciones al español.

Cabe mencionar las advertencias "ofensivo" y "vulgar" empleadas con ciertos términos. No siempre es fácil determinar qué es ofensivo o vulgar y qué no lo es. El tiempo pasa y la actitud hacia ciertas palabras y expresiones puede volverse más aceptable o intolerante según cambian las actitudes sociales. Por eso, sugerimos que el lector amplíe nuestras advertencias empleando su propia lógica y discernimiento.

Nótese además el uso de números, del punto y coma, y de la coma para separar definiciones. Usamos números para separar definiciones totalmente distintas. Ejemplo: **to conk out:** (1) caerse dormido (de cansancio). (2) algo que deja de funcionar. Usamos el punto y coma para indicar definiciones relativamente distintas. Ejemplo: **to back off:** retroceder; ceder. Y usamos la coma para indicar definiciones prácticamente idénticas. Ejemplo: **to bear one's cross:** llevar una carga encima, llevar una cruz a cuestas.

Al final del diccionario se incluye una interesante recopilación de palabras hispanas de uso común en el inglés actual con las etimologías y explicaciones pertinentes.

A-1	excelente
ac	"air conditioning" (aire acondicionado)
able hands	manitas de plata
about time	ya era hora. Ejemplo: "It was about time you got up". (Ya era hora de que te levantaras.)
above board	legal; apropiadamente
absolutely, positively	terminantemente. Ejemplo: "Absolutely, positively you're not going out tonight". (Sin lugar a discusión no vas a salir esta noche./Ni se te pase por la cabeza que vas a salir esta noche.)
abundantly clear	perfectamente claro
accident-prone	propenso a tener accidentes
achoo	conversación aburrida
acid test	prueba definitiva, irrefutable
across party lines/ across the aisle	que abarca al partido de la oposición en el gobierno, que cuenta con los votos del partido opuesto al considerar un proyecto de ley
across the board	en todos los sentidos; a lo largo y ancho
act one's age, to	actuar con sensatez. Ejemplo: "It was about time she acted her age". (Ya era hora de que actuase con madurez.)
add fuel to the fire, to	echar leña al fuego
add insult to injury, to	como si fuera poco. Ejemplo: "To add insult to injury, she gave him a slap on the face". (Como si fuera poco, le dio una bofetada.)
ad-lib, to	improvisar
advice and consent	frase de la Constitución de Estados Unidos que permite al senado refrenar o contener los poderes presidenciales sobre nombramientos de funcionarios del gobierno o tratados internacionales

affirmative action	norma o programa que busca reparar o compensar toda discriminación pasada con medidas que aseguren igualdad de oportunidad en el empleo o en la educación
Afro	"African" (africano); tipo de peinado que usan algunos negros en Estados Unidos
after a while	después de un tiempo; al cabo de un rato
after all	después de todo
after hours	después del cierre de un comercio
against all expectations	contra todo lo que se esperaba
age of consent	edad de consentimiento sexual; edad a partir de la cual es lícito tener relaciones sexuales
agree to disagree, to	echar a un lado diferencias para así mantener un diálogo cívico
Aha!	¡Ajá!
aid and abet, to	apoyar o secundar a alguien en un delito
aid and comfort, to	cooperar
ain't	"am not", "is not", "are not", "have not", "has not", "do not", "does not" (no soy, no eres, no es, no somos, no son, no tengo, no tienes, no tiene, no tenemos, no tienen). Ejemplo: "I ain't him". (Yo no soy él.)
ain't got	"do not have", "does not have" (no tengo, no tienes, no tiene, no tenemos, no tienen). Ejemplo: "I ain't got it". (No lo tengo.)
air biscuit (vulgar)	pedo, ventosidad
airhead	estúpido
AKA	"also known as" (también conocido por), alias
alien	extranjero, forastero, emigrante, que viene de otro mundo o planeta, que es totalmente ajeno a la población, costumbres y cultura del país
alike as two peas	idéntico
alive and kicking	vivito y coleando
all along	desde el primer momento

all bets are off	que no puede predecirse
all day long	todo el día; sin parar
all hands on deck	todos a cubierta, todos a trabajar/ayudar
all in a day's work	típico; normal; esperado
all in all	en general
all in fun	para divertirse
all in good time	todo a su debido tiempo
all in the family	todo queda entre familia
all kidding aside	hablando en serio
all talk	pura palabrería; no ser más que palabras
all the way	hasta el final; hasta donde dé
all things being equal	si no intervienen otros factores. Ejemplo: "All things being equal, that's a better choice". (Si no intervienen otros factores, esa es la mejor opción.)
all things considered	bien mirado o considerado
all told	en total
all work and no play	mucho trabajo sin descanso, trabajo y más trabajo
all year long	todo el año
all-nighter	que dura toda la noche
all-time high/low	más alto/bajo que nunca
along with	junto o con
Amber alert	señal de auxilio que se transmite nacionalmente pidiendo ayuda para encontrar a un niño perdido
amn't	"am not" (no soy/estoy)
among other things	entre otras cosas
anal applause (vulgar)	pedo
anchor	presentador en un programa de televisión o de radio, sobre todo noticioso
anchor baby	niño nacido en Estados Unidos de padres indocumentados y que por ley adquiría automáticamente la ciudadanía norteamericana

and counting	que aún sigue o continúa. Ejemplo: "Television's number-one program and counting". (Aún el programa de televisión número uno.)
and more to the point	y lo que es más
and so it goes	así van las cosas
and then some	y aún más
and up	parecido a "up to" (véase). Ejemplo: "$1.99 and up". (Desde $1.99 en adelante, sin especificar cuál es la cantidad tope.)
ankle-biter	niño pequeño
another nail in the coffin	un cigarrillo más
another point	algo más
antics	payasadas
any day now	cualquier día de éstos
any number of	cualquier cantidad de
any way you slice it/ cut it	como quiera que lo pongas
any way, shape, or form	de cualquier tipo o clase
anybody's fight	pelea que cualquiera puede ganar
anything and everything	todo
anything but	cualquier cosa menos
anytime soon	en el futuro inmediato
A-OK	véase "a-okay"
a-okay	"ok" (que está bien, correcto)
applesauce!	¡estupideces!
Are you kidding me?	¿Me estás tomando el pelo?
arm and a leg, an	mucho dinero
armchair critic	persona que critica pero no hace nada
arm-twisting	forzado, a la cañona

army of one, an	todos en uno
around the clock	las veinticuatro horas. Ejemplo: "She's working around the clock". (Trabaja las veinticuatro horas del día.)
as a last resort	si todo lo demás falla
as a matter of fact	de hecho, la verdad es, lo cirto es
as a result	por consiguiente
as a result of	a raíz de
as a whole	en su totalidad
as always	como siempre
as American as apple pie	auténtico; genuino; muy norteamericano
as far as I am concerned	en lo que a mí respecta
as far as I know	que yo sepa
as far as the eye can see	hasta donde alcanza la vista
as for	en cuanto a, respecto a
as from	a partir de
as good as it gets	que no puede ser o estar mejor
as good as new	como nuevo
as if	como si
as is	tal como es/está
as it turned out	como resultó
as long as	mientras
as luck would have it	como lo quiso la suerte
as much as	tanto como
as never before	como nunca
as said	como queda o se ha dicho
as simple as that	tan sencillo como eso
as soon as	tan pronto como
as the case may be	según sea el caso

A

as things stand	tal como están las cosas
as time goes by	a medida que pasa el tiempo
as usual	como de costumbre
as well	también
as well as	además de
as you wish	como usted mande; como tú digas
aside from	aparte de
ask for it, to	buscárselas. Ejemplo: "You asked for it!" (¡Te la buscaste!)
ask for trouble, to	crear una situación problemática
asleep at the switch	entretenido; que no está alerta
assault and battery	agresión con heridas o lesiones
asshole (ofensivo)	imbécil; estúpido
Astroturf	artificial. Marca registrada de césped artificial para campos deportivos
at a drop of a hat	en el acto, instantáneamente. Ejemplo: "They would do it at a drop of a hat". (Lo harían en el acto.)
at a glance	de un vistazo u ojeada
at a loss, to be	no saber qué hacer
at a moment's notice	casi sin avisar
at a time	a la vez. Ejemplo: "One at a time". (Uno a la vez.)
at all cost	a toda costa
at any cost	pase lo que pase
at any rate	por lo menos
at bay	acorralado; contenido
at best	en el mejor de los casos
at first	al principio
at first glance	a primera vista
at full blast	a plena capacidad; con gran intensidad
at full throttle	a toda marcha, a toda velocidad
at hand	al alcance

at its core	en el centro; esencial
at least	por lo menos
at long last	por fin
at point blank	(1) a bocajarro, a quemarropa. Ejemplo: "He shot him at point blank". (Le disparó a quemarropa.) (2) categóricamente. Ejemplo: "I told him at point blank to get lost". (Le dije rotundamente que desapareciera.)
at risk	algo que está en peligro o alguien que corre peligro. Ejemplo: "He's at risk of losing his job". (Está en peligro de perder su trabajo.)
at some point	en algún momento
at that	además
at the crack of dawn	al amanecer
at the eleventh hour	en el último momento, en la hora cero
at the end of the day	al fin y al cabo; a fin de cuentas
at the expense of	a costa de
at the latest	a más tardar
at the most	como máximo
at the outset	desde el principio, de entrada
at the razor's edge	al filo de la navaja
at the same time	a la misma vez
at the very least	como mínimo
at this point/stage in time	en este momento
at this rate	a este paso
at times	a veces
at your own risk	por cuenta y riesgo propios
Attaboy/Attagirl	Bien dicho/Bien hecho
awesome	fantástico, espléndido, magnífico
awful lot	muchísimo

B

b.o.	"body odor" (mal olor del cuerpo)
b.s.	"bullshit" (véase)
b/w	"black and white" (blanco y negro)
babe	nena (generalmente en referencia a una mujer joven)
baby blues	depresión o tristeza que siente una mujer después del parto
baby boom	aumento de la natalidad que experimentó Estados Unidos (conjuntamente con Inglaterra) inmediatamente después de la segunda guerra mundial. "Baby boomer" es toda persona nacida en aquella época
baby on board	"niño a bordo" (letrero puesto en la ventana de automóviles cuando se lleva a bebés o niños pequeños)
babysitting	cuidado de niños; servicio que prestan algunas personas para cuidar niños pequeños en casa ajena o en la propia
back and forth	de atrás para adelante
back in the day	en el pasado, en tiempos pasados
back in the saddle	retomar las riendas. Ejemplo: "I'm back in the saddle after a long absence". (He vuelto a tomar las riendas al cabo de una larga ausencia.)
Back off!	¡Déjame en paz!
back off, to	retroceder; ceder
back oneself into a corner, to	meterse en un callejón sin salida
back pay/back taxes	pago, sueldo o impuestos no pagados
back talk	respuesta insolente e impertinente
backcountry	zona rural remota y subdesarrollada
backfire, to	salir el tiro por la culata
background check	antecedentes crediticios o penales. Ejemplo: "Before we hire him we have to do/run a background check". (Antes de emplearle debemos averiguar sus antecedentes.)

backlash	reacción violenta
backpedal, to	retroceder; dar marcha atrás en algo
backseat driver	pasajero que importuna al conductor
backyard	término que se emplea en un sentido amplio para significar la casa, comunidad o pueblo de alguien. Ejemplo: "Not in my own backyard". (No en mi propia casa o en mi pueblo.)
bad behavior	conducta impropia, reprensible
bad enough	querer de verdad. Ejemplo: "You don't want it bad enough to pay such a high price". (Usted no lo quiere tanto como para pagar un precio tan alto.)
bad paper	cheque falso
badass	(1) fuerte. (2) rebelde. (3) hábil, diestro, excelente
badmouth somebody, to	hablar mal de alguien, vituperar
bag lady	mendiga
bag of bones	persona muy flaca
Bag your face!	¡Vete a la mierda!, ¡Vete al carajo!, ¡Márchate!
bagger	persona fea (que debiera taparse la cara para no ser vista)
bah	sin sentido, absurdo
bailout	rescate
bail, to	salir pitando
bail out, to	sacar de apuros a alguien, echar una mano
bait and switch	práctica comercial engañosa en la que se atrae a clientes con la oferta de un producto barato para luego estimularlos a comprar un producto más caro
ball is in your court, the	te corresponde dar el próximo paso
ballbuster/ballbreaker	jodón, fastidioso, pelmazo, rompepelotas, rompehuevos
balloon-nut (vulgar)	culo
ballpark figure	cantidad aproximada
balls	(1) testículos. (2) valor
bamboozle, to	enredar, engañar, timar

bamma	campesino, montuno, guajiro, refiréndose principalmente a alguien de Alabama
banana head	estúpido
Banana Republic	país del Tercer mundo, principalmente centroamericano, que depende de un solo cultivo controlado por capital extranjero
bang for the buck	mayor beneficio que se recibe del dinero que se gasta o invierte
banger	beso
bank on, to	contar con
bar none	sin excluir ninguno
bare essentials	lo mínimo, lo indispensable
barf, to (vulgar)	vomitar
bargain for, to	esperar. Ejemplo: "They gave me more than I had bargained for". (Me dieron más de lo que esperaba.)
bargaining chip	algo que puede resultar ventajoso en una negociación
bark up the wrong tree, to	pedir a quien no tiene. Ejemplo: "If you think I can get the money, you're barking up the wrong tree". (Si crees que puedo conseguir el dinero, te equivocas.)
barrel of laughs	persona que divierte o hace reír mucho. Ejemplo: "My cousin Pete is a barrel of laughs". (Mi primo Pedro es muy divertido.)
basket case	(1) persona que se encuentra en una situación desesperada. Ejemplo: "After she lost her husband and her job, she's a basket case". (Después de perder a su marido y su trabajo está totalmente destruida.) (2) algo que ha dejado de funcionar bien o está sumamente desgastado
bat an eye, to	pestañear
battle of the bulge	esfuerzo por bajar de peso. Ejemplo: "I'll never win the battle of the bulge". (Nunca lograré bajar de peso.)
bazoongies	tetas
be a bag of tricks, to	persona llena de sorpresas
be a bagpiper, to	alegrar
be a big girl, to	ser una mujer hecha y derecha

be a big mouth, to	alguien que habla sonora y ofensivamente
be a big shot, to	ser alguien importante, prominente
be a bone of contention, to	ser la manzana de la discordia
be a breeze, to	ser pan comido
be a broken record, to	repetirse incansablemente, como disco de vinilo rayado
be a couch potato, to	pasarse la vida mirando televisión sentado en un sofá; en otras palabras, no hacer nada
be a cupcake, to	ser un primor
be a dead duck, to	estar perdido, estar frito
be a dirtbag, to	ser un asqueroso, inmundo
be a doormat, to	dejarse pisar por todo el mundo
be a dope, to	ser un estúpido
be a flop, to	ser algo un fracaso o alguien un fracasado
be a good lay, to	ser bueno en la cama, saber hacer muy bien el amor
be a good sport, to	ser comprensivo
be a ham, to	persona que actúa exageradamente
be a handful, to	dar mucho trabajo. Ejemplo: "At two, Jimmy was a handful". (A los dos años Jaimito dio mucho trabajo.)
be a hornet's nest, to	ser una situación difícil o peligrosa
be a John Wayne, to	ser hombre de pelo en pecho, machote
be a laughingstock, to	ser el hazmerreír de todos
be a nervous wreck, to	ser un manojo de nervios
be a nut case, to	ser excéntrico, alocado
be a pain in the neck/butt/ass, to	ser fastidioso, majadero, un dolor de nalgas
be a party-pooper, to	ser un aguafiestas
be a piece of cake, to	ser fácil o alcanzable; ser pan comido
be a punching bag, to	ser el paño de lágrimas de alguien
be a pushover, to	dejarse manipular/aplastar; ser pan comido; ser un incauto

be a sleazeball, to	ser persona inmoral
be a step closer, to	acercarse; estar a un paso
be a tattletale, to	ser un chismoso
be a toothpick, to	ser flaco como un palillo o fideo
be a top/second banana, to	ser el primero/segundo en algo
be a tough cookie, to	ser una persona muy dura
be a trouper, to	ser una persona paciente y perseverante
be a walking time bomb, to	ser una bomba de tiempo
be absolutely right, to	tener toda la razón
be ahead of the game, to	haber hecho más de lo necesario; llevar la delantera
be all bones, to	ser muy flaco
be all over the map, to	estar en todas partes; abarcarlo todo
be all talk, to	hablar mucho y no hacer nada
be all thumbs, to	ser torpe con las manos
be all-out for, to	apoyar a alguien o algo con firmeza
be an open book, to	ser un libro abierto, fácil de entender o examinar. Ejemplo: "Your friend Emily is an open book". (Tu amiga Emilia es un libro abierto.)
be as happy as a pig in shit, to (vulgar)	estar tan alegre como cerdo embarrado de mierda
be as sick as a dog, to	estar/sentirse muy enfermo
be at a loss, to	no saber qué hacer
be at each other's throat, to	pelear, contender, discutir
be at odds, to	estar en contra de o en desacuerdo con algo
be at one's wit's end, to	estar en una situación apremiante
be at sea, to	sentirse confundido; estar perdido

be at somebody's beck and call, to	estar siempre a la disposición de alguien
be at the end of the line, to	estar con la soga al cuello
be at the end of the rope, to	no aguantar más, no poder más
be at the helm, to	estar a cargo de algo, dirigir
be at the right place at the right time, to	estar o encontrarse en un lugar y tiempo ideales
be back on one's feet, to	sentirse mejor, sobre todo después de una enfermedad
be back to back, to	ir uno detrás del otro
be behind the ball, to	estar equivocado o no al tanto de algo
be behind the eight ball, to	estar en apuros
be bent on doing something, to	estar empeñado en hacer algo
be beside oneself, to	estar muy agitado o emocionado
be better off, to	mejorar de posición económica; estar mejor que antes. Ejemplo: "I am better off married than single". (Estoy mejor casado que soltero.)
be better than nothing, to	ser peor que nada
be between a rock and a hard place, to	estar entre la espada y la pared
be bigger than life, to	que sobrepasa o desborda la realidad
be born out of wedlock, to	nacer de una madre soltera
be bound by, to	estar obligado a cumplir con algo
be boxed-in, to	estar encajonado
be caught with one's hands in the cookie jar, to	agarrar a alguien con las manos en la masa
be dead right, to	tener toda la razón

be dead serious, to	estar totalmente seguro
be dead set against somebody or something, to	oponerse firmemente a alguien o algo
be down to zero, to	quedarse en la nada, en cero
be fed up, to	estar harto, estar hasta la coronilla
be for, to	abogar por; estar con
be framed, to	ser acusado o condenado fraudulentamente
be fried, to	(1) estar borracho. (2) estar agotado mentalmente
be full of it, to	ser un estúpido, ser un presumido, ser un engreído
be good with one's hands, to	tener destreza con las manos
be had, to	ser engañado, estafado
be half full or half empty, to	ser optimista o pesimista. Se refiere a la expresión "Is the glass half full or half empty?", es decir, si se dice "medio lleno" es ser optimista, y si "medio vacío", pesimista
be hard as nails, to	ser duro, frío, poco amistoso
be hard to follow, to	ser difícil de duplicar o superar. Ejemplo "That act is hard to follow." (Ese acto es difícil de superar.)
be high, to	estar drogado
be honest, to	a decir verdad
be hot, to	mujer muy sensual. Ejemplo: "She is hot!" (¡Es un bombazo!)
be hot on the tail of somebody, to	perseguir a alguien pisándole los talones
be hunky-dory, to	marchar a las mil maravillas, estupendamente
be in a bad streak, to	tener una mala racha
be in a bind, to	estar en apuros
be in a good mood, to	estar de buen humor
be in a tight corner, to	estar en un apuro o aprieto
be in black and white, to	dicho o escrito muy claro; en blanco y negro
be in deep shit, to (vulgar)	tener un grave problema

be in denial, to	rehusar admitir la verdad o realidad. Ejemplo: "He's in denial about his cancer". (Él rehusa admitir que tiene cáncer.)
be in diapers, to	estar en la infancia, ser un iluso
be in dire straits, to	encontrarse en apuros económicos
be in financial straits, to	pasar apuros económicos
be in his/her prime, to	estar en los mejores años de su vida
be in la-la land, to	estar en un estado mental eufórico y nebuloso
be in limbo, to	estar a la expectativa
be in step with, to	en sintonía con alguien o algo. Ejemplo: "In step with the times". (En sintonía con los tiempos.)
be in the bag, to	cierto, seguro. Ejemplo: "His nomination was in the bag". (Su nombramiento era cosa segura.)
be in the black/red, to	ganar dinero ("in the black") o perder dinero ("in the red"). Ejemplo: "Every month I end up being in the red". (Todos los meses termino perdiendo dinero.)
be in the clear, to	estar fuera de peligro
be in the comfort zone, to	estar donde más gusta
be in the crossfire, to	estar en la línea de fuego
be in the driver's seat, to	estar en posición autoritaria
be in the dumps, to	estar decaído, sentirse en la miseria
be in the hot seat, to	estar en un trance o aprieto
be in the know, to	saber o tener conocimiento de algo
be in the loop, to	poseer la información necesaria. Ejemplo: "She knew about the bankruptcy because she's in the loop". (Sabía lo de la bancarrota por sus contactos.)
be in the money, to	hacer mucho dinero; estar forrado de dinero
be in the mood for, to	tener ganas de hacer algo
be in the poorhouse, to	estar en la miseria
be in the running, to	competir por algo
be in the saddle, to	estar en control de algo, estar en una posición dominante
be in the same boat, to	estar en lo mismo; compartir un destino común

be in the works, to	estar en preparación, desarrollo o por finalizar
be in top shape, to	estar en excelente estado físico
be innocent until proven guilty, to	ser inocente hasta comprobarse culpabilidad
be in-sync, to	estar sincronizado con algo
be into something, to	estar muy envuelto en algo. Ejemplo: "They are really into baseball". (Les ha dado fuerte por el béisbol.)
be level-headed, to	ser sensato
be long overdue, to	estar vencido o retrasado por largo tiempo
be lost for words, to	quedarse sin palabras
be music to one's ears, to	ser muy agradable de oír
Be my guest	Por supuesto. No faltaba más
be no more, to	dejar de existir
be none the wiser, to	seguir sin entender
be of age, to	ser mayor de edad
be of sound mind, to	estar en su sano juicio
be off, to	(1) irse, marcharse. (2) ser inexacto. Ejemplo: "His results were significantly off". (Sus resultados estaban seriamente equivocados.)
be off duty, to	estar franco de sevicio. Ejemplo: "This police officer was off duty on Tuesday". (Este policía estaba franco de servicio el martes.)
be off the charts, to	a todo dar; a todo meter
be off-base, to	estar errado
be on a roll, to	tener una buena racha
be on a shoestring, to	contar con recursos económicos escasos o limitados
be on borrowed time, to	tener los días contados
be on call, to	estar disponible para algo. Se refiere por lo general a un médico que está de turno en la sala de emergencias de un hospital
be on cloud nine, to	estar en el séptimo cielo o en la gloria
be on hand, to	estar disponible

be on leave, to	estar con licencia o permiso
be on one's toes, to	mantenerse alerta
be on pins and needles, to	estar en suspenso
be on target, to	estar en lo cierto
be on the ball, to	ser muy espabilado, tener los ojos bien abiertos
be on the edge, to	estar al borde del precipicio
be on the heels of somebody, to	pisarle los talones a alguien
be on the last legs, to	estar en las últimas
be on the prowl, to	estar al acecho de algo
be on the right/wrong track, to	estar bien/mal encaminado
be on the ropes, to	estar en las últimas; estar contra la pared
be on the run, to	estar a la fuga
be on the same wavelength, to	estar en la misma onda
be on the same/different page, to	estar de acuerdo o en desacuerdo
be on the sidelines, to	mantenerse al margen
be on the spot, to	encontrarse en apuros
be on the take, to	aceptar sobornos
be on the up and up, to	ser de fiar
be on the warpath, to	tener ganas de pelear. Ejemplo: "Your brother is on the warpath". (Tu hermano anda con ganas de pelear.)
be on top of the game, to	ser el mejor
be on top of the world, to	estar en la cima del mundo
be one's own man, to	ser independiente
be out of the woods, to	estar fuera de peligro
be out of touch, to	no estar al corriente
be out of words, to	quedarse sin palabras
be over the limit, to	estar pasado del límite

be part and parcel, to	formar parte de algo
be pissed off, to (vulgar)	estar contrariado, de mal humor
be pooped, to	estar hecho polvo o exhausto
be quick on the draw, to	contestar o resolver problemas con rapidez. Ejemplo: "He was quick on the draw in answering the police's questions". (Fue un lince al contestar las preguntas que le hizo la policía.)
be quick to judgment, to	juzgar prematuramente
be run down, to	estar deshecho, en mal estado, agotado
be running late, to	estar atrasado
be scared to death, to	tener mucho miedo, estar muy asustado
be screwed, to	tener problemas
be shaken up, to	estar estremecido o trastornado
be shy of, to	estar falto de algo. Ejemplo: "They were shy of money". (Estaban escasos de dinero.) "She was shy of two years to apply for benefits". (Le faltaban dos años para solicitar sus beneficios.)
be sitting pretty, to	estar bien colocado o situado
be taken aback, to	sorprenderse, asombrarse. Ejemplo: "I was taken aback by what they said". (Me asombró lo que dijeron.)
be that as it may	sea como sea
be the talk of the town, to	ser la comidilla del pueblo o del lugar
be the toast of the town, to	ser admirado por todos
be tied to somebody's apron strings, to	estar dominado por una mujer
be toast, to	alguien o algo que ha llegado a su fin. Ejemplo: "In two years their business was toast". (En dos años su empresa fracasó.)
be too close for comfort, to	ser demasiado peligroso
be top banana, to	ser el primero en algo; estar encima
be true to one's word, to	cumplir lo prometido

B

be under a cloud, to	estar bajo sospecha
be under a spell, to	estar hechizado
be under someone's thumb, to	estar sujeto o dominado por alguien
be under someone's wings, to	estar bajo la protección de alguien
be under the gun, to	estar con una pistola en el pecho, estar en un aprieto o encrucijada
be under the influence, to	estar embriagado
be under the weather, to	no sentirse bien, estar indispuesto
be up against something, to	estar en contra de algo
be up and about, to	(1) estar levantado. (2) estar restablecido
be up in arms, to	estar furioso con algo
be up somebody's alley, to	ser algo muy conocido o conveniente. Ejemplo: "That job was right up his alley". (Ese trabajo era pintado/ideal para él.)
be up the creek, to	encontrarse en una situación apremiante
be up to one's neck/eyeballs, to	estar hasta la coronilla, estar hasta las narices
be up to the task/challenge, to	sentirse o estar capacitado para algo
be up-front, to	decir la verdad, expresarse sinceramente
be washed-out, to	estar extenuado
be well-endowed, to	estar dotada de grandes senos
be wired, to	estar con los nervios de punta, agitado, frenético
be wrong, to	estar equivocado
be/keep one step ahead, to	llevar ventaja
bean time	hora de comer
bear one's cross, to	llevar una carga encima, llevar una cruz a cuestas
bear the brunt, to	sufrir más que nadie por algo
bear with, to	tener paciencia

bearer of good/bad news	portador de buenas/malas noticias
beat a dead horse, to	perder el tiempo
beat around the bush, to	hablar dando rodeos
Beat it!	¡Lárgate!, ¡Márchate!
beat somebody to the punch, to	adelantársele a alguien
beat the living daylights, to	dar una buena paliza
beaut, a	algo bello, impresionante
bed down, to	acostarse
bedrock	cimientos. Ejemplo: "The bedrock of American democracy is the Constitution". (Los cimientos/la base de la democracia norteamericana es la Constitución.)
beef up, to	mejorar o aumentar algo, hacerlo más fuerte y eficaz. Ejemplo: "After the last terrorist threat, the government decided to beef up security at the airports". (Después de la última amenaza terrorista, el gobierno decidió mejorar/aumentar la seguridad en los aeropuertos.)
been there, done that	ya he pasado por todo eso
bees knees, the	persona o cosa muy admirada
bee-stung	de aspecto hinchado o abultado, como si hubiese sido picado por una abeja. Ejemplo: "Bee-stung lips". (Labios carnosos y sensuales.)
beg to differ, to	diferir de opinión
behind closed doors	en secreto
behind the scenes	a escondidas, en secreto
bellyache, to	quejarse, lloriquear
belly-up	arruinado, en bancarrota
below normal	por debajo de lo normal
beltway	carretera que circula por una zona urbana; periférico
benchmark	punto de referencia
bend over backwards, to	hacer lo imposible
bend the rules, to	distorsionar

B

beneath oneself	indigno de uno
Benjamins	billete de 100 dólares
bent out of shape	muy enojado
beside the point	algo que no tiene nada que ver
best bet	lo mejor que puede hacerse. Ejemplo: "Your best bet is to keep quiet". (Lo mejor que puedes hacer es callarte.)
best is yet to come, the	aún falta lo mejor
best of my knowledge, to the	que yo sepa
best of my recollection, to the	si no me falla la memoria; si bien recuerdo
best/worst of all	lo mejor/peor de todo
best-/worst-case scenario	en el mejor/peor de los casos
bet one's bottom dollar, to	apostarse o jugarse la cabeza
Betcha!	"Bet you" (¡Desde luego! ¡Seguro!, ¡No faltaba más!) Ejemplo: "Is that a new car? You betcha!" (¿Ese es un carro nuevo?— ¡Seguro!)
better now than never	mejor ahora que nunca
beyond all doubt	fuera de toda duda
beyond belief	imposible o inconcebible
beyond me	no lo entiendo; se me escapa; no lo aguanto o soporto
beyond one's wildest dreams	que ha superado en mucho lo esperado
beyond repair	que no tiene arreglo
beyond the pale	inaceptable; intolerable
beyond the shadow of a doubt	sin la menor duda
biased	prejuiciado; tendencioso
Big Brother	el estado, el gobierno
big bucks	mucho dinero
big cheese	potentado

big fish	persona importante
big house, the	prisión federal
big one, the	acontecimiento principal o máximo. Ejemplo: "The next flood will be the big one". (La próxima inundación será la peor de todas.)
big spender	muy gastador
big time	mucho. Ejemplo: "Does it snow in Alaska?"—"Big time!" (¿Nieva en Alaska?—¡Muchísimo!)
big word	palabra difícil, compleja
bigger is better	mientras más grande mejor
bigger picture	visión total de un asunto; visión más amplia y vista en su conjunto
bilk, to	engañar, estafar
bimbo	estúpida, idiota
binge, to	hartarse de algo
Bingo!	¡Zas! Ejemplo: "I was looking for my ring and suddenly bingo!, I found it". (Estaba buscando mi anillo y de pronto ¡zas! lo encontré.)
bio	"biography" (biografía)
birds and the bees, the	la realidad de las cosas
bit, a	un poco
bitch	mujer inmoral o mujer fastidiosa e insoportable
bite more than one can chew, to	tratar de abarcar más de lo posible
bite one's tongue, to	morderse la lengua (callar para no ofender)
bite the bullet, to	aceptar lo que se presenta; resignarse
bite the dust, to	irse a pique
bite the hand that feeds you, to	ser un desagradecido
bits and pieces	cosas; pedazos
bitter end, to the	hasta el final
bitter pill to swallow	ser un trago amargo

bittersweet	agridulce
biz	"business" (negocio)
blab, to	hablar en exceso; revelar indiscretamente
blabbermouth	bocazas, que es todo boca
Black Friday	día después de la fiesta de Thanksgiving, cuando los comercios abren al amanecer y esperan vender más
black hole	que no tiene fin; que es infinito
blade	cuchillo
blasted	borracho
blaze, to	fumar marihuana
bleep, to	omitir con un pitido una palabra o frase vulgar u ofensiva
blimp	gordo, obeso
blind date	cita con algún(a) desconocido(a)
bling	joyas que brillan mucho
blintz	borracho
blip	breve interrupción
blockbuster	película exitosa
blood money	dinero sucio
blotto	extenuado, muy cansado
blow	cocaína
blow a fuse, to	encolerizarse súbitamente
blow away, to	(1) disipar o sacar algo. Ejemplo: "Their hopes were blown away". (Sus esperanzas se disiparon.) (2) vencer a alguien. Ejemplo: "They blew that team away on the last 15 minutes". (Hicieron pedazos a ese equipo en los últimos 15 minutos.) (3) causar una fuerte impresión, generalmente positiva. Ejemplo: "That rock group blew me away!" (¡Esos roqueros me sacudieron!)
blow it, to	cometer un grave error
blow job (vulgar)	felación
blow one's cool, to	enojarse; perder la compostura
blow one's lid/top, to	explotar, enfurecerse

blow one's own horn, to	halagarse uno mismo
blow one's wad, to	gastar todo su dinero
blow out of proportion, to	exagerar la importancia de una cosa; sacar de quicio
blow smoke, to	exagerar
blow somebody's cover, to	descubrir o delatar a alguien
blow somebody's mind, to	asombrar; pasmar
blow the lid off something, to	revelar algo
blow the whistle, to	dar la señal de alarma
blow the whistle on somebody, to	delatar a alguien
blow to kingdom come, to	destruir violentamente; hacer saltar en pedacitos
blow up in somebody's face, to	salir mal o estropeado
blue collar	trabajador manual (que tradicionalmente vestía camisa azul); miembro de la clase trabajadora
blue law	ley azul; ley que en ciertos estados prohibe comerciar los domingos por motivos religiosos
blue moon	algo inesperado
blue state/red state	en política, forma en que el país queda dividido en estados rojos (republicanos) y azules (demócratas)
blue-dog democrat	demócrata moderado, no extremista
blue-ribbon panel	panel formado por personas de alta reputación y autoridad
boat people	emigrantes que abandonan su país en botes o lanchas, como lo hacen muchos cubanos y haitianos que intentan refugiarse en la costa de Florida
body double	en una película, el que hace de doble, sobre todo en escenas de desnudo
body language	lenguaje corporal
bogeyman	monstruo, ogro

bogus	falso
boil down to, to	en resumidas cuentas
boiling point	clímax o crisis
bomb	malo. Ejemplo: "That movie was a bomb". (Esa película fue muy mala.)
bomb, to	fracasar
bomb thrower	lanzabombas, en el sentido de crear una conmoción o escándalo en lo que se dice
bombed	borracho, embriagado
bombshell	bomba. Ejemplo: "The news of my husband's being fired from work came as a bombshell". (La noticia del despido de mi marido nos cayó como una bomba.)
bone of contention	desacuerdo
bone-chilling	escalofriante, que estremece los huesos
bonehead	estúpido, sesohueco
boneyard	cementerio
bonzer	bueno, magnífico, excelente
boo, to	abuchear, chiflar, como a un artista en escena
boo-boo	(1) lesión menuda. (2) error, equivocación
boobs	tetas
boobytrap	trampa
boom	auge. Ejemplo: "There was a boom in the stock market". (Hubo un auge en la bolsa de valores.)
boom box	radio portátil
boondocks	los quintos infiernos, en casa del carajo
boondoggle	despilfarro
boot camp	campo de entrenamiento militar donde se enseña, ejercita y disciplina a los reclutas
boot somebody out, to	echar/botar a alguien de un lugar
boot, to	además; para colmo; por añadidura
bootleg	de contrabando
boots on the ground	tropas (del ejército)

booty	(1) botín. (2) nalgas
booze	licor
bosom buddy	buen amigo
boss somebody around, to	dar órdenes
bottom line	en resumidas cuentas, en pocas palabras
bottom out, to	alcanzar el punto en que el descenso o caída se detiene o se invierte
Bottoms up!	¡Salud!
bounce something off somebody, to	consultar algo con alguien
bouncer	gorila, como el que vigila o monta guardia en un club nocturno
bound to happen	destinado a suceder. Ejemplo: "It really was bound to happen". (Realmente, tarde o temprano tenía que suceder.)
bowl somebody over, to	sorprender a alguien
box	televisión o computadora
Boy, oh boy	Caramba
bozo	burro, tonto, payaso
bra	"brassiere" (sostén/ajustador)
brain trust	grupo de consejeros oficiales o extraoficiales especializados en planificación y estrategia
brain truster	consejero experimentado, generalmente funcionario gubernamental
brain-bleach, to	borrar de la mente algún recuerdo desagradable
brainchild	creación
brainstorming	reunión en la que se discuten o debaten ideas
brainwashing	lavado de cerebro
brat	mocoso, niño o niña mimado o consentido
bravado	alarde, jactancia
bread	dinero

bread and butter	muy importante o básico
bread box	estómago
breadwinner	sostén de la familia
Break a leg!	¡Buena suerte!, ¡Lúcete en tu actuación!
break even, to	quedar sin ganar ni perder
break ground, to	ser un pionero
break in somebody, to	entrenar a alguien en un trabajo
break it all down, to	analizarlo todo, separarlo por partes
Break it up!	¡Paren ya!
break loose, to	soltarse, escaparse
break out in a cold sweat, to	sudar frío
break ranks, to	romper filas
break something open, to	abrir algo con fuerza
break something to somebody, to	darle a alguien una mala noticia
break the bank, to	(1) arruinar. Ejemplo: "I guess that by eating in this restaurant I won't break the bank". (Creo que por comer en este restaurante no me voy a arruinar.) (2) agotar los recursos económicos propios, gastar más de lo debido
break the ice, to	romper el hielo, en el sentido de aliviar o calmar la tensión
break wind, to	tirarse un pedo
breaking news	noticia de última hora
breaking point	límite. Ejemplo: "The argument got to the breaking point". (La discusión llegó a su límite.)
breakup	separación, divorcio
breath of fresh air, a	refrescante, distinto
breathe down somebody's neck, to	estar encima de alguien
breathing space	tiempo para recobrarse u organizarse; respiro

breeze on through, to	progresar fácilmente. Ejemplo: "Mary was so clever that she breezed through the test". (María fue tan despierta que la prueba le resultó un paseo.)
brewski	cerveza
briefing	sesión en la que se da información o instrucciones. Ejemplo: "The President attended a briefing about the war". (El president asistió a una sesión sobre la guerra.)
bright and early	al salir el sol
bring about, to	dar lugar a
bring down the house, to	hacer reír mucho al público
bring home the bacon, to	ganarse la vida o el pan
bring into line, to	meter en cintura
Bring it on!	¡Venga!, ¡Arriba!, ¡Aquí estoy!
Bring out the marines/infantry!	¡Guerra a muerte!
bring somebody down to earth, to	hacer bajar de las nubes a alguien, hacerle poner los pies en la tierra
bring someone to his knees, to	humillar a alguien
bring something to a close, to	finalizar algo
bring to an end, to	terminar, concluir
bring to bear, to	ejercer, aplicar
bring to trial, to	procesar o ser procesado
bring up to speed, to	poner al corriente o al tanto
Brit	"British" (de Inglaterra o Gran Bretaña)
bro	"brother" (amigo o camarada.) Ejemplo: "Hey bro!" (¡Hola amigo, hermano, camarada!)
broad (vulgar)	mujer, tipa, vieja
broadsided	golpe de lado. Ejemplo: "He was broadsided by another car". (Un carro le dio un golpe de lado.)
broken home	hogar deshecho; hogar de padres divorciados
broken man	hombre destruido

B

broken promises	promesas no cumplidas
Brother!	¡Dios mío!
brouhaha	refriega, alboroto, riña
bruised ego	amor propio herido
brush off somebody, to	deshacerse de alguien, mandarlo a la porra
brush something off, to	dejar pasar algo, desatenderse de algo
buck	dólar
buckle up, to	ponerse el cinturón de seguridad en el automóvil
buck-naked	totalmente desnudo, en cueros
bud	amigo, compinche
buddy	véase "bud"
buddy-buddy	muy amigo, muy compinche
bug out, to	salir corriendo; salírsele a uno los ojos de asombro o espanto
bug somebody, to	molestar, irritar a alguien
bugaboo	objeto imaginario de miedo o ansiedad; persona pesada
built-in	incorporado
bull dyke (ofensivo)	lesbiana
bullish	optimista. Ejemplo: "He's bullish about the stock market". (Él es muy optimista acerca de la bolsa de valores.)
Bullseye!	¡En el blanco!
bullshit (vulgar)	mierda
bullshitter (vulgar)	mentiroso; tramposo; farolero
bully	abusador; pendenciero; bravucón
bully pulpit	posición ventajosa
bullying	intimidación, acoso
bum	(1) nalga. (2) vago
bummer	mala experiencia
bumper-sticker message	mensaje que sólo sirve para llamar la atención
bumper-to-bumper	tráfico intenso, con carros pegados unos a otros
bumps on the road	obstáculos en el camino

bumpy road	camino escabroso
bunker mentality	intransigencia, intolerancia, actuar defensivamente al ser criticado
bunkum	bobadas
buns	culo, nalgas
burbs	"suburbs" (barrios, las afueras de la ciudad)
burglar	ladrón de casas
burn rubber, to	ir echando chipas o a mucha velocidad en un automóvil, quemar las llantas
burst at the seams, to	estar hasta el tope o topes
bury one's head in the sand, to	ignorar, pasar por alto
bury the hatchet, to	reconciliarse
bush	pelo púbico, pendejera, pelambrera
business as usual	como de costumbre
business before pleasure	la obligación antes de la devoción; primero el deber y después lo demás
businesslike	serio; formal
bust somebody's chops, to	arremeter contra alguien; fastidiar a alguien
bust	fracaso; arresto; bancarrota
buster	fulano, chico
busybody	entrometido
but for	si no fuera o hubiera sido por
butt	nalga, culo
butt in, to	interrumpir
Butt out!	¡Lárgate!
butter somebody up, to	halagar o seducir con abundantes elogios y lisonjas
butterface	"…but her face" (mujer de buen cuerpo pero fea de cara)
buy into, to	interesarse en algo
buy off, to	sobornar a alguien

B

buy the farm, to	morir
buy time, to	ganar tiempo
Buyer beware!	¡Cuidado con lo que se compra!
Buzz off!	¡Lárgate!, ¡Piérdete!, ¡Salta de aquí!
buzzword	nueva palabra o expresión; la palabra del día
by all accounts	a decir de todos
by all means	por supuesto
by an act of God	acto divino, así lo quiso Dios
by and large	mayormente; en su conjunto
by any means	de cualquier manera
by any standards	desde cualquier punto de vista
by chance	por casualidad
by default	por ausencia o falta. Ejemplo: "They won the election by default". (Fueron elegidos por ausencia de otros candidatos.)
by definition	por definición
by far	mucho mejor que el resto. Ejemplo: "It is by far the best car". (Es con creces el mejor carro de todos.)
By golly!	¡Caray!
by itself	en sí, de por sí
by leaps and bounds	a pasos agigantados; a grandes zancadas
by no means	de ninguna manera; ni mucho menos
by no stretch of the imagination	ni remotamente, de ningún modo
by popular demand	a petición del público
by the day	por día, a diario
by the same token	de igual modo
by the skin of one's teeth	apenas
by the way	a propósito
by way of	por vía de; mediante
by word of mouth	de boca en boca

C

C'est la vie!	¡Así es la vida! Frase francesa usada en inglés
cabbie	taxista
call a spade a spade, to	llamar las cosas por su nombre
Call back soon	Vuelva pronto. No se pierda
call girl	prostituta que se cita por teléfono
call into question, to	poner algo en duda
call it a day, to	dejar algo para el otro día
call it quits, to	dejar de hacer algo. Ejemplo: "Let's dissolve this partnership and call it quits". (Anulemos esta sociedad y terminemos con todo.)
call people names, to	insultar, ofender con palabrotas
call the shots, to	mandar
calling	vocación
camel toes (vulgar)	bulto de la vulva femenina que se le marca al llevar pantalones muy apretados
camel's nose under the tent	sugerencia de actuar pronto para evitar complicaciones. La expresión implica que una vez que el camello meta su nariz bajo la carpa, se adueñará de ella
cameo appearance	breve aparición de un actor famoso en un programa de televisión o en una película
campus	recinto universitario
can	cárcel
canary	chivato
cancer stick	cigarrillo
can-do spirit	espíritu positivo
captive audience	público que no tiene más remedio que escuchar, como los feligreses en una iglesia
car pool	convenio por el cual varias personas viajan juntas en un vehículo, con el fin de aliviar el tráfico y ahorrar combustible

carpetbagger	político o comerciante oportunista. Término acuñado después de la guerra civil, cuando los políticos y comerciantes del norte aprovecharon la precaria situación de los estados sureños "metiendo hasta las alfombras en sus bolsos"
carrot and stick	incentivo y amenaza
carry a tune, to	cantar bien
carry on, to	continuar o seguir
carry the day, to	prevalecer
carry weight, to	tener influencia
case closed	punto final; se acabó
case in point	ejemplo que viene al caso o es oportuno
case of mistaken identity	identificación errónea de alguien
case study	estudio modelo
cash cow	fuente constante de fondos o ingresos
cash in, to	cerrar una cuenta, arreglar un asunto; dejar, abandonar
cash out, to	convertir en dinero efectivo bienes que no lo son
cash-and-carry	venta en efectivo y generalmente sin servicio de envío
casper	desaparecido. Término basado en el fantasma Casper (dibujo animado)
cast a vote, to	votar
cast the first stone, to	arrojar la primera piedra
casual sex	relaciones sexuales promiscuas
cat	hombre
catch some rays, to	broncearse en la playa
catch 22	situación problemática cuya única solución queda impedida por una circunstancia inherente al problema. Ejemplo: "This is a catch 22: I can't get work if I don't have an agent, but I can't have an agent if I haven't worked". (Una situación imposible: No puedo trabajar si no tengo un agente, pero no puedo tener un agente si nunca he trabajado.)
catch phrase	frase pegajosa; eslogan

catch some z's, to	dormir
catch somebody in the act, to	agarrar a alguien cometiendo un delito
catch somebody red-handed, to	agarrar a alguien con las manos en la masa
Catch you later	Nos vemos
catsup	variación de "ketchup"
'cause	"because" (porque)
cave in, to	ceder
cave under pressure, to	ceder bajo presión
Certainly not!	¡De ninguna manera!, ¡Ni hablar!
chain-smoker	fumador empedernido
chance it, to	arriesgarse
chances are	lo más probable es que
change hands, to	cambiar de dueño
change of heart	cambio de opinión
change one's mind, to	cambiar de opinión
change the rules in the middle of the game, to	cambiar algo ya empezado
character assassination	arruinar la reputación de alguien
chase the dragon, to	fumar heroína
chat her up, to	enamorar con mucha labia; camelar con palabras
chatterbox	hablador, parlanchín
chauvinist	(1) patriotero. (2) machista
cheap drunk	alguien que se emborracha con facilidad
cheap shot	ataque verbal que aprovecha una conocida debilidad de la otra persona
cheapo, el	"cheap" (barato)
cheapskate	mal pagador
cheat on, to	ser infiel a alguien
check is in the mail, the	excusa que se da para no pagar una cuenta vencida

Check it out	Míralo. Analízalo. Échale un vistazo
Check me out!	¡Mírame!
checkout counter	mostrador donde se paga en una tienda o comercio
checks and balances	sistema que asegura que una de las tres ramas gubernamentales (ejecutiva, legislativa, judicial) no ejerza demasiada influencia o poder sobre cualquiera de las otras dos
cheerlead, to	animar; ensalzar; apoyar
cheesecake	fotografía de mujeres desnudas o semidesnudas
cheesy	ridículo; de mal gusto
cherry-pick, to	escoger, seleccionar lo mejor
chest bump	saludo chocando los pechos
Chicago way	corrupto; ilegal; deshonesto. Término originado por el crimen organizado que dominó a esa ciudad durante muchos años
chick flick	película para mujeres
chicken	cobarde
chicken feed	cantidad de dinero irrisoria
chicken out, to	acobardarse; rajarse
chickens have come home to roost, the	todo mal tiene a la larga su merecido
Chill out!	¡Cálmate!, ¡Sosiégate!
chilled to the bone	muy frío
chilling effect	estremecedor; atemorizante
chintzy	barato; chillón; recargado
choice is yours, the	La decisión es tuya. Tú decides
chopper	helicóptero
chops	boca
chow	comida
chow down, to	comer
chrome-dome	calvo
chromeplated	bien vestido; elegante

C

chum	amigo, compañero
Ciao!	¡Adiós! Palabra italiana usada en inglés
circle the wagons, to	aprestarse para el combate. Se refiere al siglo XIX en Estados Unidos, cuando los carromatos hacían un círculo para defenderse del ataque de los indios
clam up, to	cerrar la boca. Ejemplo: "She clams up quite often". (Se queda como una tumba muy a menudo.)
clamp down, to	tomar medidas enérgicas o drásticas contra algo o alguien
class act	excelente
class warfare	conflicto entre clases sociales
clean bill of health	visto bueno, en el sentido de que se goza de buena salud
clean house, to	deshacerse o echar a todo el mundo de algún lugar, barrer con todo el mundo. Ejemplo: "The boss was so mad that he cleaned house". (El jefe se puso tan furioso que echó a todo el mundo.)
clean sweep	quedarse con todo; ganarlo todo; llevárselo todo
Clean up your act!	¡Déjate de estupideces!
clear sailing	sin problemas
clear the air, to	aclarar las cosas
clear the deck, to	despejar el camino
click away, to	cambiar canales de televisión con el control remoto
cliffhanger	película o deporte con gran suspenso y desenlace desconocido
clobber, to	golpear a alguien despiadadamente
close call	salvación conseguida a duras penas. Ejemplo: "During the storm they had a close call". (Durante la tormenta se las vieron negras.)
close in, to	acorralar, arrinconar. Ejemplo: "The police closed in on him". (La policía lo acorraló.)
close shave	por los pelos o por un pelo
close up shop, to	acabar, terminar, concluir. Ejemplo: "I'm ready to close shop". (Estoy listo a mandarlo todo a la porra/a darle fin a todo esto.)
clueless	que no entiende, que no tiene ni idea de algo

clunker	cacharro
coast is clear, the	no hay moros en la costa
coattails	valerse de la influencia de un politico poderoso para ganar votos o ser elegido. Ejemplo: "He won the election on the coattails of Senator Smith". (Ganó las elecciones por influencia del senador Smith.)
cock (vulgar)	pene
cocksucker (ofensivo)	(1) persona que practica felación. (2) término ofensivo semejante a "asshole" (véase)
cocktail hour	servicio que ofrece un bar para atraer clientes después del trabajo, usualmente entre las 4:30 y 6 de la tarde
cocky	gallito
coed	"coeducational" (educación mixta de hombres y mujeres)
cojones	palabra española usada en inglés con el mismo significado
coke	cocaína
cold cash	dinero contante y sonante
cold fish	persona fría, sin sentimientos
cold turkey	abandono en seco de un vicio
collateral damage	víctimas civiles de una guerra
collect one's thoughts, to	concentrarse
collective bargaining	negociación entre sindicatos y empresas para señalar salarios, beneficios complementarios, horas, condiciones de empleo, etc.
college-bound	camino a la universidad
com	"commercial" (cualquier empresa o comercio que se anuncia en el internet)
come a long way, to	llegar después de considerable tiempo o distancia
come about, to	pasar; ocurrir
Come again?	¿Cómo dijo?
come alive, to	entusiasmarse por algo
come along full circle, to	volver al punto de partida
Come along!	¡Ven!, ¡Ven con nosotros!, ¡Síguenos!

C

come back to bite, to	tener repercusiones
come back to haunt you, to	volver algo que nos hace sentir culpables o avergonzados
come calling, to	aparecerse
come clean, to	decir la verdad
come down crashing, to	despeñarse
come down hard on somebody, to	castigar severamente a alguien
come down the pike, to	aparecer
come down to earth, to	dejar de soñar
come down with, to	enfermarse de, caer enfermo con
come down, to	(1) bajar; caer. Ejemplo: "The rain came down hard". (La lluvia caía copiosamente.) (2) venir. Ejemplo: The order came down from the main office". (La orden vino de la oficina central.)
come hard on the heels of somebody, to	ir pisándole los talones a alguien
come hell or high water, to	no importa lo que pase
come in from the cold, to	salir de un exilio o aislamiento; reasumir alguna actividad
come in handy, to	venir bien
come of age, to	llegar a la mayoría de edad
come off second best, to	quedar en segundo lugar o puesto
Come on!	¡Date prisa!, ¡Vamos!
Come on in	Entra. Pasa
come on to somebody, to	mostrar interés sexual por alguien
come out empty-handed, to	quedar con las manos vacías
come out of one's ears, to	que cansa de tanto oír
come out of the left field, to	ocurrir o presentarse súbita e inesperadamente
come out of the shell, to	ser menos tímido

come out of the woodwork, to	salir de quién sabe dónde
come out on top, to	salir ganando
come to a head, to	hacer crisis; llegar a un punto culminante
come to bear, to	causar o tener algún efecto sobre algo
come to blows, to	pelear
come to grips with, to	asumir o aceptar algo
come to light, to	sacar a la luz; descubrirse
Come to papa!	¡Ven acá!
come to pass, to	pasar, ocurrir
come to terms with something, to	aceptar algo
come to think of it	ahora que me acuerdo
come under fire, to	ser motivo de crítica
come unglued, to	perder el control
come up for air, to	descansar, respirar en medio de una crisis
come up in the ranks, to	mejorar en un empleo
come up roses, to	resultar bien; tener éxito
come what may	pase lo que pase
come with a lot of baggage, to	venir cargado de problemas y complicaciones. Ejemplo: "She came to her marriage with a lot of baggage". (Vino a su matrimonio cargada de problemas.)
come-on	algo que atrae e incita su adquisición
comfy	"comfortable" (cómodo)
coming soon	próxima apertura
common ground	puntos en común
commute, to	viajar diariamente desde la casa al trabajo recorriendo por lo general una larga distancia. Al que lo hace se le llama "commuter"
compare apples to apples/apples to oranges, to	hacer una comparación sensata o insensata, pareja o dispareja

competitive edge	ventaja competitiva
con	(1) "convict" (presidiario, recluso). (2) timo, estafa
con artist	tramposo, impostor
con, to	embaucar, estafar, timar
concerted effort	esfuerzo coordinado o concertado
congrats	"congratulations" (felicitaciones)
conk out, to	(1) caerse dormido (de cansancio). (2) algo que deja de funcionar
connect the dots, to	juntar elementos lógicamente relacionados para llegar a una conclusión
consensual sex	coito voluntario
consensus	consenso; opinión general. Ejemplo: "The general consensus is that the prices will go up". (La opinión general es que los precios subirán.)
consenting adult	adulto que actúa con consentimiento o voluntad propia, como en el caso de tener relaciones sexuales
contrary, on the	al contrario, por el contrario
contrary, to the	en contra, en contrario; no obstante
control freak	persona dominante
conventional wisdom	ideas o explicaciones tomadas como verdaderas por el público en general
cook the books, to	falsificar libros de contabilidad o teneduría
cookie	hombre o mujer
Cool	Vale. Está bien. De acuerdo. Fantástico
cool-headed	ecuánime, templado
cop on a beat	patrullero, policía que patrulla o vigila las calles
cop out, to	escabullirse; evitar problemas o responsabilidades
cop/copper	policía
co-pay	"co-payment" (pago que el asegurador exige hacer al asegurado por su visita al médico o por su compra de un medicamento)
copycat	persona que copia o imita a otra

core values	principios básicos
corked	embriagado, borracho
cost an arm and a leg, to	costar un ojo de la cara
cost-effective	rentable, económico
Cotton Belt	región de Estados Unidos que se extiende desde Texas hasta las dos Carolinas, donde se cultiva mucho algodón
cougar	mujer mayor que sale con un joven
count heads, to	contar gente
count the chickens, to	cantar victoria
count your blessings, to	conformarse con lo que se tiene; no pedir más de lo debido o es dado; darse por satisfecho
country as a whole, the	todo el país, el país completo
country mile	larga distancia
cover all of one's bases, to	prepararse debidamente para llevar algo a cabo
cover story	artículo principal que se anuncia en la portada de una revista
cover-to-cover	de comienzo a final. Ejemplo: "I read that book cover-to-cover". (Me leí todo el libro.)
cover-up	encubrimiento, como el de un delito o crimen
cowboy up, to	ser fuerte, valiente, macho
cozy up, to	adular. Ejemplo: "He was cozying up to me". (Me estaba adulando.)
crack a book, to	estudiar o leer un libro, especialmente de texto
crack up laughing, to	desternillarse de risa
crackhead	adicto al crack; idiota
crackpot	chiflado
cram, to	estudiar mucho
crank up, to	subir el volumen
cranky	malhumorado
crappola	malo
crappy	malo; porquería

crapshoot	toda acción o empresa cuyo resultado es impredecible
crash course	curso intensivo
crash out, to	(1) dormirse. (2) quedarse a dormir en casa ajena
crash, to	colarse en una fiesta
crave, to	tener deseos o ansias por algo
cream of the crop	el o lo mejor
cream puff	persona débil e ineficaz; debilucho
creepy	espeluznante, escalofriante
crib	domicilio
critical mistake	error fundamental
croak, to	morir
crony	amigote, compinche
cross one's heart, to	atestiguar la verdad; jurar
cross the line, to	extralimitarse
cross-dressing	vestirse con ropas del sexo opuesto
crossover	algo o alguien que pasa de una categoría a otra. Ejemplo: "Paul McCartney's crossover from rock to classical music surprised many". (El paso del rock a la música clásica hecho por Paul McCartney sorprendió a muchos.)
crowd-pleaser	que deleita al público o muchedumbre
crude expression	expresión grosera, vulgar
cruise around, to	pasear en automóvil
crumb	persona despreciable
crummy	malo; inferior
crunk	muy emocionante y divertido
crushing blow	golpe aplastante y desconsolador. Ejemplo: "The mother's death was a crushing blow for the whole family". (La muerte de la madre fue un golpe aplastante para toda la familia.)
crux of the matter	el punto crucial
cry a river, to	llorar a cántaros

cry one's heart out, to	llorar desconsoladamente, con gran sentimiento; sentir pena o lástima por alguien. Ejemplo: "My heart cries out for her". (Me apena mucho ella.)
cry over spilled milk, to	llorar o quejarse de algo que ya ha pasado y que no tiene remedio
cry uncle, to	conceder derrota
cry wolf, to	alarmar innecesariamente
crybaby	llorón
crystal clear	transparente, clarísimo
cunt (ofensivo)	(1) órganos genitales femeninos, coño, concha, chocha. (2) mujer despreciable
curb-your-dog law	ley que exige poner al perro a defecar en el borde de la acera
curfew	castigo consistente en no dejar salir a un niño de su casa
curl up with somebody, to	acurrucarse con alguien
cushy	fácil
cuss, to	decir palabrotas
cut a deal, to	hacer un trato
cut above	superior a los demás. Ejemplo: "My product is a cut above the competition". (Mi producto es superior a los de la competencia.)
cut back on, to	reducir el uso de algo
cut class, to	no asistir a una clase, saltarse una clase
cut corners, to	economizar
cut down to size, to	poner a alguien en su lugar
cut loose, to	soltar, poner en libertad
cut one's eyes at somebody or something, to	mirar de reojo a alguien o algo
cut one's losses, to	cortar por lo sano
cut some slack, to	dar otra oportunidad
cut somebody off, to	interrumpir a alguien en una conversación

Cut the crap!	¡Para de hablar mierda!
cut to the chase, to	ir al grano
cut-and-dried	(1) hecho o preparado de antemano. (2) ordinario, rutinario
cut-and-run, to	escapar, huir, desertar
cute as a button	mono, guapo, especialmente un niño
cutie-pie	amorcito, cielo
cutthroat	persona cruel y sin principios
cutting edge	a la vanguardia. Ejemplo: "New York is at the cutting edge of fashion". (Nueva York está a la vanguardia de la moda.)

D

da bomb	excelente
dago (ofensivo)	persona oriunda de Italia, Francia, España, Portugal, Sudamérica
daily grind	trajín, ajetreo diario
daisy game	juego de sí o no, como el de arrancar los pétalos de una margarita
damage control	aplacar/subsanar algún daño que se ha hecho. Ejemplo: "After praising the Palestinians, the President worked some damage control with the Israeli embassador". (Después de alabar a los palestinos, el presidente trató de arreglar la situación con el embajador de Israel.)
dame	tipa
Dammit	¡Caray!
Damn!	véase "Dammit!"
Damn you!	¡Maldito seas!
damned if you do, damned if you don't	hagas lo que hagas, siempre habrás de perder
dampen the spirits, to	desalentar, desanimar
Dapper Dan	bien vestido y aliñado
darb	excelente, magnífico
dark secret	secreto bien guardado que asombraría si se supiese
darken a church door, to	ir a misa
Darn!	véase "dammit!"
date	acompañante (véase "dating")
dating	etapa inicial en la relación romántica de dos personas. Ejemplo: "We have been dating for two months". (Hemos estado saliendo juntos por dos meses.) La persona con la que se sale se llama "date" (acompañante)
daunting task	tarea o empresa sobrecogedora, de grandes proporciones
dawned on me	se me ocurrió, caí en cuenta

day after tomorrow	pasado mañana
day in and day out	todos los días
day of reckoning	día del Juicio Final
day off	día libre (del trabajo o empleo)
day person/night person	persona que prefiere el día o la noche
daydream, to	soñar despierto, fantasear
DBA	"doing business as" (que comercia bajo el nombre de)
dead as a doornail	requetemuerto
dead boring	aburridísimo
dead calm	calma absoluta
dead end	callejón sin salida
dead heat	empate sin ganador en una carrera
dead in the water	fracasado, que no progresa ni tiene posibilidad de éxito
dead meat	acabado, terminado
dead presidents	dinero
dead silence	silencio total, silencio absoluto
dead tired	muerto de cansancio
dead wrong	totalmente equivocado
deadbeat	vago; incumplidor, especialmente un padre divorciado que no se ocupa de la manutención de sus hijos
deadlock	estancamiento; empate
deadly force	fuerza mortal
dead-on	en el clavo
Dear John letter	carta en la que un novio o novia rompe la relación o un cónyugue plantea divorcio
death wish	deseo de morir o desear la muerte a alguien
deck out, to	(1) decorar. (2) vestirse elegantemente
deep down	en el fondo. Ejemplo: "Deep down I don't love him". (En el fondo no lo quiero.)
deep inside	en el fondo
deep into the night	en plena noche

deep sleep	sueño profundo
Deep South	región del sureste estadounidense
deep throat	chivato; persona que divulga infomación comprometedora a un periodista anónimamente
defensive medicine	práctica médica de dudoso valor clínico realizada para evitar demandas legales contra el médico
defies belief	incomprensible
defining moment	que tiene un significado muy especial o notorio
déjà-vu	Expresión francesa usada en inglés: Ilusión de haber ya experimentado una situación que se presenta por primera vez
deli	"delicatessen" (fiambrería)
delish	"delicious" (delicioso)
deploy, to	hacer uso de, utilizar
despite	a pesar de
detailing	limpiar un automóvil meticulosamente
dick (vulgar)	véase "cock"
dickhead (ofensivo)	huevón
did not come to pass	no ocurrió, no pasó
diddly-squat	cantidad muy pequeña, insignificante
Didn't it?	¿No fue así?
die for, to	algo que es exquisito, delicioso, precioso. Ejemplo: "That food was to die for". (Esa comida estaba deliciosa.) "That dress was to die for". (Ese vestido era precioso.)
die with one's boots on, to	morir con las botas puestas
diehard	intransigente
dig a little deeper, to	tratar algo con mayor esfuerzo
Dig in!	¡Coman!
dig one's own grave, to	cavarse su propia tumba
dig, to	comprender; aprobar o gustar; notar
dildo	consolador sexual

dilly-dally, to	perder el tiempo
dipshit (ofensivo)	estúpido; imbécil; comemierda
dipwad	estúpido, pendejo
dire need	necesidad imperiosa
dirt cheap	muy barato
dirt nap	"sueñecito en tierra" (morir)
dirt-poor	muy pobre
dirty book/magazine	libro o revista pornográfico
dirty dancing	baile indecente o inmoral
dirty dog/rat	inmoral, mentiroso
dirty laundry	trapos sucios
dirty look	mirada asesina
dirty old man	viejo verde
dirty talk	habla vulgar o grosera
dirty word	palabrota
dirty work	trabajo indeseable
dis/diss, to	criticar; insultar
discombobulated	perturbado, molesto
discriminating taste	gusto exigente
dispirited	abatido, desanimado
disposable income	ingreso disponible después de descontar los impuestos
disservice	daño que se le hace a alguien
distressed area	barrio pobre
ditch, to	dejar. Ejemplo: "He ditched his girlfriend". (Dejó a su novia.)
ditto	ídem
ditz	tonto; ridículo; vacío
diva	malcriada, consentida. Ejemplo: "My brother's wife is a diva". (La mujer de mi hermano es una malcriada.)
dive	antro

Dixie	Sureste de Estados Unidos, particularmente los estados de la Confederación
do a 180, to	dar media vuelta
do a balancing act, to	hacer maromas; confrontar varias situaciones difíciles o conflictivas a la vez
do a bunk, to	salir pitando
do a double take, to	reaccionar tardíamente; mirar nuevamente a alguien o algo
do a Hancock, to	firmar. Se refiere al patriota John Hancock, cuya firma figura como la primera en la Declaración de Independencia de Estados Unidos
do a number on somebody, to	engañar
do all you can, to	hacer todo lo que uno puede
do as one pleases, to	hacer lo que a uno le plazca o dé la gana
do as you're told, to	hacer lo que a uno se le dice; ser obediente
do away with, to	dejar
do hard time, to	estar encarcelado
Do it!	¡Hazlo!
do jack, to	no hacer nada
do more harm than good, to	hacer más daño/mal que bien
do or die, to	hacer algo sin fallar
do right by somebody, to	portarse bien con alguien
do the math, to	sacar cuentas
do time, to	ir a la cárcel. Ejemplo: "My friend John is doing time". (Mi amigo Juan está en la cárcel.)
Do you follow?	¿Entiendes?
do your best, to	hacer lo mejor que uno pueda
DOA	"dead on arrival" (muerto al llegar)
doctor, to	adulterer; falsificar; amañar; arreglar
dodge the bullet, to	evadir una responsabilidad o deber

D

dog and pony show	pura exhibición
dog days of summer	los días más calientes del año
Dog me	Sígueme
dog-eat-dog	competencia brutal o a muerte
Doggone	¡Caray!
doggy bag	bolsa en la que se meten las sobras en un restaurante
doll up, to	arreglarse (como una muñeca)
dolt	imbécil
don's ask, don't tell	ni preguntes ni digas (ley de las fuerzas armadas de Estados Unidos que prohibe preguntar a un soldado su inclinación o preferencia sexual así como decirla)
don't call us, we'll call you	ya te llamaremos
Don't come knocking (at my door)	No me vengas con excusas o a pedir ayuda
Don't come to me with all that jazz	No me vengas con historias o cuentos
don't fall for that trick	no se deje engañar con ese truco
Don't get smart with me	No te pases conmigo
Don't give me any of your lip	No me constestes
don't go there	no te metas en eso
don't knock it	no seas negativo
Don't let them see you sweat	Que no te vean sufrir; esconde tus emociones
Don't mention it	De nada; no hay de qué
Don't press it	No insistas
Don't put it all on me	No me culpes de todo
Don't sweat it	No te preocupes
don't take it personally	no lo tomes como algo personal
done deal	trato/negocio hecho
doola	hijo, hija

doomed to failure	condenado al fracaso
door buster	artículo rebajado que se ofrece en una tienda para atraer clientes
doozy	extraordinario; extraño
dope	narcótico, estupefaciente; heroína
dork	estúpido
dot one's i's and cross one's t's, to	terminar un trabajo escrito a cabalidad
double dipping	recibir conjuntamente una pensión y salario del gobierno
double jeopardy	término jurídico que prohibe ser procesado dos veces por el mismo delito
double standard	principios, leyes, tratos, etc., que se hacen valer para unos y no así para otros. Ejemplo: "Racial double standards still exist in this country". (En este país todavía hay trato distinto a personas de distinas razas.)
double whammy	combinación de dos circunstancias, fuerzas o efectos adversos
double-back, to	retroceder siguiendo la dirección opuesta
double-edged sword	espada de dos filos
double-talk	habla ambigua y engañosamente
douche bag (ofensivo)	persona ofensiva o fea
dough	dinero
dove	pacifista
down and dirty	(1) simple y sin adornos. Ejemplo: "The down and dirty truth". (La mera verdad.) (2) caracterizado por competencia inescrupulosa. Ejemplo: "Down and dirty campaigning". (La sucia campaña política.) (3) obsceno. Ejemplo: "Her down and dirty behavior shocked me". (Su comportamiento obsceno me impresionó.)
down and out, to be	estar en la miseria
down somebody's alley	algo tenido por ideal; algo que se hace con facilidad
down the hatch	brindis. Ejemplo: "Raise your glasses and down the hatch!" (Empinen los vasos y ¡salud!)
down the road	más adelante

D

down the stretch	por la duración de algo
down to the wire	hasta el último momento
downer, a	deprimente
downsize, to	reducir de tamaño o cantidad. Ejemplo: "Ford downsized its Mustang". (Ford redujo de tamaño su Mustang.)
downtime	(1) tiempo durante el cual la producción de algo queda interrumpida. (2) tiempo libre
drag	(1) pitada de un cigarrillo. (2) calle de una ciudad o pueblo. (3) tedioso, aburrido. Ejemplo: "That party was a drag". (Esa fiesta fue aburrida.)
drag, in	que se viste con la ropa del sexo opuesto, sobre todo un hombre de mujer; travesti
drag queen	homosexual que se viste de mujer, principalmente para efecto teatral
draw a blank, to	quedarse en blanco. Ejemplo: "I was taking a test and suddenly I drew a blank". (Estaba haciendo un examen y de pronto me quedé en blanco.)
draw a conclusion, to	llegar/arribar a una conclusión
draw attention, to	llamar la atención, hacer notar
draw to an end, to	finalizar, terminar
drawback	desventaja, inconveniente
drawn out	hacerse interminable
dream come true, a	sueño hecho realidad
dream team	equipo cuyos miembros se destacan en su campo
dress down, to	(1) censurar enérgicamente. (2) vestirse con ropa de estar, vestirse informalmente
dribs and drabs	poco a poco
drive batty, to	desquiciar o desesperar a alguien
drive up the cost, to	subir o aumentar el costo
drive-by media	medios de comunicación controlados o influenciados por el estado
drive-thru	servicio a clientes en el automóvil, principalmente en un banco o establecimiento de comida rápida para ahorrar tiempo

driving force	fuerza impulsora
drop a clanger, to	meter la pata
drop a hint, to	tirar/lanzar una indirecta
drop behind, to	quedarse atrás
drop by, to	visitar. Ejemplo: "I hope you drop by to say hello". (Espero que pases a saludarme.)
Drop dead!	¡Vete al carajo!
drop dead, to	caerse muerto
drop in the bucket	cantidad muy pequeña. Ejemplo: "That dress cost me a drop in the bucket". (Ese vestido no me costó casi nada.)
drop like a hot potato, to	soltar como una papa caliente
drop one's jaws, to	asombrarse, quedarse atónito, sin habla
drop out of school, to	dejar los estudios
drop out of sight, to	desaparecer
drop over, to	visitar a alguien
drop somebody a line, to	escribir a alguien unos párrafos
drop the ball, to	cometer un error estúpido
drop, to	quedarse atónito, con la boca abierta
drumbeat	defensa vehemente de una causa
dry up, to	parar de hablar, guardar silencio
dubs	cada cual paga lo suyo
duck soup	fácil
dude	(1) hombre. (2) dandy. (3) persona de ciudad, ignorante de la vida campestre
due process	acción judicial que protege o salvaguarda los derechos civiles del ciudadano
duffer	(1) incumplidor. (2) incompetente. (3) algo falsificado o sin valor
Duh	¡Qué estúpido! ¿No sabes nada acaso?
DUI	"driving under the influence" (conducir embriagado)
dumb ass	morón, idiota

dumbbell	estúpido, idiota
dumbfounded	atónito
dumbo	estúpido, idiota
dummy	bobo
dump, to	deshacerse de una persona, especialmente de un amante o enamorado
dumping ground	vertedero
dumpster diving	buscar algo de comer en un basurero
dunderhead	estúpido
dunno	"do not know" (no sé)
dupe, to	engañar, embaucar
durable goods	bienes de consumo duraderos
dwell on, to	pensar demasiado en algo. Ejemplo: "You're dwelling too much on the consequences". (Estás pensando demasiado en las consecuencias.)
dyke (vulgar)	lesbiana, tortillera
dysfunctional family	familia disfuncional

E

each their own, to	cada cual con lo suyo
eager beaver	persona muy entusiasta y trabajadora
ear-duster	chismoso
early bird/riser	madrugador
early on	al principio, al comienzo
earmark, to	destinar fondos
easier said than done	decirlo es una cosa y hacerlo otra
easy come, easy go	como viene se va
easy does it	tómalo con calma, sosiégate
eat crow, to	admitir error o derrota
Eat me! (ofensivo)	¡Mámamelo todo!
Eat your heart out!	¡Muérete de envidia o de celos!
eatery	restaurante
eats	comida
eavesdrop, to	escuchar en secreto la conversación de otras personas
educated guess	conjetura hecha con cierta base o algo de verdad
-ee	sufijo que se le añade a los verbos para formar sustantivos, como en "interviewee" (entrevistado), "payee" (beneficiario), etc.
effing	"using the letter f" ("fucking") (ofensivo) (eufemismo para evitar la mención del término ofensivo)
eggbeater	helicóptero
ego trip	vanidad. Ejemplo: "That book was an ego trip for him". (Ese libro fue pura vanidad para él.)
either one	cualquiera de los/las dos
either way	de cualquiera de las dos maneras, de una forma u otra
elbow grease	hacer algo con más fuerza. Ejemplo: "Give it more elbow grease!" (¡Dale con más fuerza!)

electioneer, to	hacer campaña electoral
elite media	medios de difusión o comunicación dominantes o selectos
embed, to	asignar un observador a un grupo dedicado a alguna actividad, como un reportero en una guerra
emo	muy emocionante
empower, to	dar autoridad oficial o poder legal; permitir
empty nester	padre o madre cuyos hijos han crecido y abandonado el hogar
empty the bladder, to	orinar
enchilada	enredo; mezcolanza
end game	etapa final o definitiva de algún proceso
end justifies the means, the	el fin justifica los medios
end of story	se acabó; no se hable más
end of the road	que se acaba o termina; que llega a su final
end result, the	el resultado final
end user	usuario de algún producto
enough blame to go around	muchos son los que llevan la culpa
Enough is enough!	¡Ya basta!
enterprise zone	zona urbana en desventaja económica que goza de ciertos privilegios gubernamentales, como una reducción de impuestos
entitlement	programa estatal que garantiza y provee beneficios a un grupo determinado de personas
entry-level	nivel de principiante en una empresa
equal opportunity employment	igualdad de oportunidad en el trabajo
error of judgment	equivocación
escapade	escapada, aventura, generalmente en el sentido amoroso
-esque	"a la manera de", "al estilo de" (sufijo). Ejemplo: "Reaganesque". (Al estilo o a la manera del presidente Reagan.)

estate sale	véase "garage sale"
eternity box	ataúd
eureka moment	momento de gran triunfo
even if	aunque
even playfield	igual en todo o para todos; parejo
even so	sin embargo
even Steven	equitativo
even then	aun así
even though	aun cuando; a pesar de que
evenhanded	ecuánime, imparcial
ever since	desde que. Ejemplo: "Ever since we spoke to them". (Desde la primera vez que hablamos con ellos.)
Ever wonder?	¿Has pensado alguna vez?
evermore	por siempre jamás; eternamente
every living soul	todo el mundo
every nook and cranny	todos los recovecos de algo
every now and then	de vez en cuando
every possible way	por todos los medios
every so often	de vez en cuando
every step of the way	a cada paso
every Tom, Dick, and Harry	cualquier persona
every which way	por todos lados
Everybody on board?	¿Estamos todos de acuerdo?
everything but the kitchen sink	casi todo
ex	por lo general, ex-marido o ex-esposa
excess baggage	entrometido
extend an olive branch	ofrecer una rama de olivo; ofrecer reconciliación
extra layer	añadidura

extracurricular activity	actividad extracurricular fuera de la clase en un colegio o universidad
eye of the storm	el núcleo o centro de un problema
eyeball, to	mirar
eye-catching	que atrae a la vista, que llama la atención
eye-popping	asombroso
eyesore	visualmente ofensivo

F

fab	"fabulous" (fabuloso)
face the facts, to	aceptar la realidad
face the music, to	confrontar/enfrentar las consecuencias; vérselas con algo
faceless	sin carácter ni individualidad. Ejemplo: "A faceless crowd". (Una muchedumbre sin identidad.)
facelift	renovación de algo
face-off	confrontación
fag (ofensivo)	"faggot" (maricón)
fail-proof	infalible, irrompible
fainthearted	cobardón
fair and square	con todas las de la ley
fair assessment	evaluación justa
fair game	que es objeto justificado de ataque o crítica
fair play	juego limpio
fair shake	oportunidad o trato equitativo
fair shot	que tiene posibilidades
fair-weather friend	amigo de ocasión
fall apart at the seams, to	deshacerse o romperse por el medio
fall behind, to	atrasarse
fall by the wayside, to	caer en abandono o desuso
fall flat, to	no producir respuesta o resultado alguno. Ejemplo: "The comment fell flat". (El comentario no produjo reacción alguna.)
fall from grace, to	caer en desgracia
fall guy	persona que siempre carga con la culpa; chivo expiatorio
fall head over heels, to	enamorarse perdidamente
fall into a trap, to	caer en una trampa

fall off one's chair, to	asombrarse. Ejemplo: "I fell off the chair when he told me". (Me caí de la silla/me asombré cuando me lo dijo.)
fall off the wagon, to	volverse a emborrachar
fall on one's face, to	fracasar por completo. Ejemplo: "The play fell on its face". (La obra de teatro fracasó sin remedio.)
fall short, to	quedarse corto
fall through the cracks, to	no incluirse; ser ignorado
fall victim of, to	ser víctima de
fallen woman	prostituta
falling-out	desacuerdo; pelea. Ejemplo: "The heirs had a falling-out about their parents' will". (Los herederos tuvieron un desacuerdo sobre el testamento de sus padres.)
fallout	resultado incidental de algo. Ejemplo: "His speech on ecology brought fallout from the oil lobby". (Su discurso sobre ecología provocó una reacción del cabildo petrolero.)
fam	"family" (familia)
family business	asuntos o cuestiones familiares
family jewels	genitales masculinos
family man	padre de familia
family ties	lazos familiares
fan the flames, to	agravar una situación
fanfare	alboroto, conmoción
fanny	culo
far advanced	muy avanzado
far ahead	a largo plazo
far and away	muy lejos
far and wide	por todas partes, a lo largo y ancho
far away in the distance	a lo lejos
far better	mucho mejor
far beyond	mucho más allá
far enough	hasta aquí

far from	muy distante de
Far from it!	¡Todo lo contrario!
far from over	faltando mucho. Ejemplo: "The speech is far from over". (El discurso no ha terminado ni mucho menos.)
far left/right	extrema izquierda/derecha
far worse	mucho peor
far-fetched	improbable; exagerado
farmer's market	mercado de frutas y hortalizas al aire libre, usualmente a un costado de la carretera
far-out	muy alejado de lo convencional o tradicional; fantástico, buenísimo
fart around, to (ofensivo)	perder el tiempo
fart sack (ofensivo)	cama
fast and furious	rápidamente; intensamente; enérgicamente
fast approaching	que se acerca pronto, que está a la vuelta de la esquina
fast lane	estilo de vida presuroso y deseoso de rápida satisfacción
faster than a speeding bullet	rapidísimo
fast-forward	cambio brusco de una situación o serie de acontecimientos
fat chance	ni hablar, ni soñado, ni lo pienses
fatso (vulgar)	gordo
faux pas	paso en falso, metedura de pata
fave	"favorite" (favorito)
fear the worst, to	esperar/temer lo peor
Fed	agente u oficial del gobierno federal de Estados Unidos
federal jug	prisión federal
feed the meter, to	echar monedas en el parquímetro
feedback	reacción que se obtiene de algo que se ha dicho o hecho. Ejemplo: "I am waiting for a feedback about my proposal". (Estoy esperando la reacción a mi propuesta.)
feel a draft, to	sentirse rechazado

feel blue, to	sentirse triste
feel one's way, to	ir a tientas
feel rotten, to	sentirse mal
feel somebody out, to	tratar de averiguar lo que otro piensa o siente
felicitous	oportuno; acertado
fellow citizen	conciudadano
fellow man	compatriota; prójimo
fend for oneself, to	valerse por uno mismo
fettie	dinero
few and far between	muy contados, muy escasos
few, a	unos cuantos tragos de licor
fib	mentirilla, mentirita
field day	gran placer que se obtiene en una actividad u oportunidad
field questions, to	hacer preguntas
field trip	excursión hecha por estudiantes a un museo, restaurante, ciudad, etc.
fifth wheel	inservible
fight a good fight, to	esforzarse en hacer algo
fight a losing battle, to	hacer algo sabiendo que al final se va a perder
fight an uphill battle, to	luchar arduamente por algo
figure of speech	figura retórica; forma de decir
figure out, to	entender, resolver, calcular. Ejemplo: "To tell you the truth, I can't figure it out". (A decir verdad, no lo entiendo.)
figurehead	hombre de paja: jefe, ejecutivo o gobernante que actúa bajo órdenes de otra persona que no desea figurar en primer plano
filibuster, to	obstruir, como un proyecto de ley
fill somebody's shoes, to	hacerse cargo de las labores de otra persona
financial hardship	penuria económica
finders, keepers	si lo encuentro es mío

F

fine and dandy	bien
fine line	poca diferencia. Ejemplo: "There is a fine line between what he said and what you said". (Hay poca diferencia entre lo que tú y él dijeron.)
fine wolf	hombre apuesto, atractivo
fire a (warning) shot across the bow, to	advertir
Fire away	Desembucha. Habla
firestorm	reacción violenta que se desencadena a consecuencia de algo. Ejemplo: "A firestorm of controversy". (Una reacción controversial violenta.)
first and foremost	por encima de todo
first come, first served	que se atenderá por orden de llegada
first of all	antes que nada, en primer lugar, primeramente
first responders	poveedores de primeros auxilios en una emergencia
first things first	primero lo primero
firsthand	de primera mano, de cerca. Ejemplo: "Firsthand experience". (Experiencia de primera mano.)
fish-kiss	beso frunciendo los labios, como la boca de los peces
fishtail, to	zigzaguear, serpentear
fist bump	saludo con los puños
fit as a fiddle	en buen estado de salud
fit for a king/queen	digno de rey o reina
fitness	buen estado físico
five-finger discount	algo robado
fix	(1) situación caracterizada por dificultad o vergüenza. (2) dosis de un narcótico
flabbergasted	atónito, estupefacto
flag a cab, to	parar un taxi
flaky	excéntrico, absurdo. Ejemplo: "Your sister is a bit flaky". (Tu hermana tiene un tornillo suelto.)
flap one's lips, to	hablar

flash in the pan	(1) esfuerzo súbito que no conduce a nada. (2) alguien o algo prometedor que termina desilusionando
flash point	momento o situación crítico
flash, to	exhibirse desnudo en público
flashback	recuerdo vívido
flat	(1) insulso, insípido. (2) refresco sin efervescencia
flat broke	sin un centavo
flat out	(1) abiertamente. (2) a toda velocidad
flat-out	absolutamente, claramente, completamente, abiertamente
flesh and blood	parentesco. Ejemplo: "They are of my own flesh and blood". (Son de mi propia sangre.)
flick	película
fling	lance amoroso, romance
flip, to	perder el control de uno mismo
flip a house, to	arreglar una casa para venderla enseguida
flip out, to	desesperarse, poner el grito en el cielo
flip side	la otra cara de la moneda, lado opuesto de algo
flip the coop, to	enloquecer
flip-flop	cambio súbito en dirección contraria. Ejemplo: "There was a flip-flop in the Iraq strategy". (Hubo un volteo en la estrategia sobre Iraq.)
Floor it!	véase "Step on it!"
floozy	prostituta, mujer suelta
fluff	error
fluke, a	casualidad favorable, chiripa, golpe de buena suerte
flunk, to	fracasar en un examen
fly in the face of, to	ignorar, hacer caso omiso
fly off the shelves, to	venta rápida, principalmente de un libro. Ejemplo: "That book is flying off the shelves". (Ese libro se vende como pan caliente.)
fly the coop, to	partir, abandonar el hogar
fly-by-night	que no inspira confianza

flying colors	exitosamente. Ejemplo: "She graduated with flying colors". (Se graduó exitosamente.)
flying high	muy contento
folks	gente; familia; parientes
follow suit, to	hacer como los demás
follow the crowd, to	seguir a los demás
follow the money trail, to	seguirle la pista al dinero
follow through, to	seguir adelante
food chain	(1) secuencia de organismos en que cada uno se alimenta del inmediato inferior, como el tiburón que se alimenta de otros peces, o el león de otros animales. (2) jerarquía basada en el poder o la importancia.
food pantry	véase "soup kitchen"
fool around, to	bromear, hacer el tonto o payaso
foolhardy	insensato, imprudente
foot in the door, a	oportunidad que se presenta
foot soldier	seguidor activo, leal o militante de una organización o causa
foot the bill, to	pagar la cuenta
for a change	para variar
for all I care	para lo que me importa
for all I know	que yo sepa
for as long as	desde que; durante todo el tiempo que
for better or for worse	para bien o para mal
for Christ's sake	por amor a Dios/Cristo
for crying out loud	por lo que más quieras
for dear life	desesperadamente, urgentemente
for good	permanentemente, para siempre
for instance	por ejemplo
for keeps	para siempre
for kicks	para divertirse, para darse gusto. Ejemplo: "I did it just for kicks" . (Lo hice para pasar un buen rato.)

F

for lack of a better word	por así decirlo
for my money	para mí
for no apparent reason	sin motivo aparente. Ejemplo: "There was no apparent reason for their conduct". (No había razón para haberse conducido así.)
for now	por ahora
for old times' sake	por los viejos tiempos. Ejemplo: "Let's go to that restaurant for old times' sake". (Vamos a ese restaurante para recordar los buenos tiempos.)
for openers	para empezar
For Pete's sake!	¡Caramba!
for quite some time	por mucho tiempo
For real?	¿De verdad?
for richer, for poorer	en las buenas o en las malas
for show	para lucirse, para llamar la atención
for that matter	en realidad
for the better part of	por casi. Ejemplo: "For the better part of the week she was sick". (Por casi una semana estuvo enferma.)
for the birds	que no vale nada
for the good of	por el bien de
for the life of me	por lo que más quieras
for the most part	en gran parte
for the pits	que no vale nada, que es una porquería
for the record	para que conste
for the sake of argument	pongamos por caso
for the taking	disponible. Ejemplo: "The books are yours for the taking". (Los libros son tuyos si los quieres.)
for the time being	por ahora, por el momento
for your eyes only	confidencial
for/to all intents and purposes	a efectos prácticos
foregone	previo; pasado; antiguo

F

forever and a day	para siempre
forgive and forget, to	perdonar y olvidar
forthcoming	próximo
foul-mouthed	malhablado, boca sucia
four-letter words	palabrotas
fox	(1) zorro, astuto. (2) mujer sensual, seductiva
frame of mind	estado de ánimo
frame, to	incriminar
freak out, to	alarmarse, perder la ecuanimidad
free choice	libertad de escoger
free fall	caída libre
free for all	pelea; desbarajuste total
free lunch	algo que no necesita pagarse, que sale de balde
free trial offer	prueba gratuita de un producto
freebie	algo obtenido gratuitamente
freehand	a mano alzada o libre
freeloader	aprovechador, persona que vive a costa ajena
free-minded	librepensador
freewheeling	libre de obrar independientemente
Freeze!	¡Alto!, ¡No te muevas!
freshen up, to	asearse, arreglarse
fringe benefits	beneficios laborales complementarios
from an early age	desde temprana edad, desde pequeño
from bad to worse	de mal en peor
from day to day	de día en día
from here on out	en lo sucesivo, de ahora en adelante
from near and far	por todas partes
from rags to riches	de la pobreza/miseria a la fortuna/riqueza
from the outset	desde un principio

from the top of one's head	sin razonarse
from then on	a partir de ese momento
from this day forward/on	de hoy en adelante
from time to time	de vez en cuando
front and center	en posición destacada o sobresaliente
front man	testaferro
frosting on the cake	algo extra
fruit (vulgar)	homosexual, generalmente hombre
fruitcake	excéntrico, desquiciado
Fuck off! (ofensivo)	¡Vete a la mismísima mierda!
Fuck that shit! (vulgar)	¡Que se vaya a la mierda!, ¡Que se cague!
fuck up, to (vulgar)	arruinar, generalmente por estupidez propia
Fuck! (vulgar)	¡Carajo!, ¡Coño!
fuck, to (vulgar)	coger, follar, chingar, joder
fucked-up (vulgar)	jodido, estropeado
fucking bitch (ofensivo)	hija de puta; desgraciada
fuckup (vulgar)	cagada, metida de pata
full monty, the	(1) todo lo necesario, apropiado o posible. (2) completamente desnudo, en pelotas
full stop	parada en seco
full tilt	a toda marcha o velocidad
full-blown	(1) maduro; desarrollado. (2) completo
fullest extent of the law, to the	con todas las fuerzas de la ley
fuming	echando humo, lleno de cólera o ira
funky	(1) maloliente, fétido. (2) atemorizado. (3) excéntrico
funny bone	(1) hueso del codo. (2) sentido del humor
fuzz	policía
f-word	"fuck" (ofensivo) (véase)
fyi	"for your information" (para su información)

G

gab, to	hablar, charlar
gabble, to	hablar rápida e imprecisamente; farfullar
gaffe	metedura de pata
gaffer	viejo, vejestorio
gag	chiste, broma
galore	en abundancia. Ejemplo: "There was food galore at the party". (Había comida en abundancia en la fiesta.)
garage sale	venta de objetos usados en casa de su propietario. "Yard sale" si se realiza en el patio, "estate sale" si es dentro de la casa y con artículos más antiguos y caros, "moving sale" si se hace por mudanza
gas, a	(1) diversión. Ejemplo: "That party was a gas". (Esa fiesta fue muy divertida.) (2) persona muy divertida
gas-guzzler	traga-gasolina; motor de mal rendimiento
gas up, to	echar gasolina al automóvil
-gate	afijo usado en palabras compuestas que se refiere al escándalo político ("Watergate") bajo la presidencia de Richard Nixon. Ejemplo: "The Korean bribe scandal has been called 'Koreagate'". (El escándalo del soborno coreano ha sido llamado "Coreagate".)
gatekeeper	guardián, vigilante
gather dust, to	llenarse de polvo
gay	(1) homosexual. (2) alegre
gear	equipo
gear up, to	prepararse para hacer algo
Gee whiz!	¡Caramba!
Gee!	¡Caramba!, ¡Oye!, ¡No me digas!
geek	persona estudiosa y retraída
geezer	(1) persona rara o excéntrica. (2) viejo, anciano
gender gap	diferencia desproporcionada entre los sexos

generic	genérico. Se refiere generalmente a un medicamento con la misma composición que uno de marca
geri	"geriatric" (anciano)
get a dragon's mouth, to	tener mal aliento
get a grip/hold of oneself, to	controlarse
get a handle on something, to	entender algo
get a kick out of something, to	divertirse con algo
Get a life!	¡Déjate de majaderías!
get a load off one's mind, to	quitarse un peso de encima
get a lot of play out of something, to	sacarle el jugo a algo
get a lump in one's throat, to	hacérsele a uno un nudo en la garganta; sentir ganas de llorar
get a run for one's money, to	obtener alguna satisfacción por el dinero o esfuerzo gastados; divertirse en proporción al gasto
get a whiff of, to	enterarse de algo, aprender algo
get ahead of, to	adelantarse
get away with murder, to	librarse de culpa sin ser castigado
get back into the swing of things, to	volver a las andadas
get back on track, to	retroceder a lo que se decía o hacía
get back, to	recuperar, recobrar
get blue in the face, to	estallar de cólera o ira
get busted, to	perder; ser agarrado. Ejemplo: "You're busted!" (¡Estás agarrado!/¡Perdiste!)
get carried away, to	arrebatarse; entusiasmarse
get cold feet, to	enfriarse; dar paso atrás
get cracking, to	poner manos a la obra
get creamed, to	ser totalmente derrotado; quedar hecho polvo

get down to business, to	ir al grano
get dressed to kill, to	vestirse muy elegantemente
get entangled, to	enredarse, enmarañarse. Ejemplo: "He got entangled doing the taxes this year". (Se enredó haciendo los impuestos este año.)
get even with, to	hacérselas pagar a alguien, vengarse. Ejemplo: "I'll get even with them". (Me las pagarán.)
Get going!	¡Dale!, ¡Camina!, ¡Muévete!
get grounded, to	quedar castigado sin poder salir
get heated, to	acalorarse
get high, to	drogarse, endrogarse
get hooked on, to	enviciarse con algo. Ejemplo: "He got hooked on coke". (Se envició con cocaína.)
get in line, to	disciplinar, meter en cintura
get in the front/back door, to	entrar por lo alto/por lo bajo
get in the mix, to	formar parte de algo, incluirse, adjuntarse
get in the way of, to	estorbar
get into her pants, to	hacer el amor a una mujer
get into somebody's mind, to	pensar por otro
get into the lion's den, to	meterse en la guarida del león
get it all together, to	tener control absoluto de algo o de uno mismo
get it done, to	hacerlo; lograrlo. Ejemplo: "Don't worry, we'll get it done by Friday". (No se preocupe, el viernes ya lo tendremos hecho.)
get it over with, to	quitarse algo de encima, acabar con algo
get it right/wrong, to	acertar/equivocarse
get it straight from the horse's mouth, to	obtener información de la fuente original. Ejemplo: "We heard it straight from the horse's mouth". (Nos lo dijo él mismo.)
get laid, to	acostarse con alguien
get lost in the shuffle, to	perderse en la confusión o alboroto

G

Get my drift?	¿Me entiendes?, ¿Queda claro?
Get off my case!	¡Déjame en paz!, ¡Déjame tranquilo!
get off one's butt, to	ocuparse en algo, empezar a trabajar
get off one's high horse, to	ser menos arrogante
get off somebody's back, to	dejar a alguien tranquilo
get off the ground, to	empezar algo
get off the hook, to	quedar libre de una obligación
get off to a flying start, to	empezar algo muy bien
get off to a good/bad start, to	empezar algo bien o mal, con el pie derecho o izquierdo
get offtrack, to	descarrilarse, salirse del paso
Get on board!	¡Ven con nosotros!, ¡Acompáñanos!
get on somebody's nerves, to	ponerle a alguien los nervios de punta
Get on with it!	¡Métele mano!, ¡Hazlo ya de una vez!
get one's bearings, to	saber dónde se está
get one's ducks in a row, to	organizarse, poner las cosas en su debido orden
get one's feet wet, to	hacer algo por primera vez
get one's walking papers, to	ser despedido de un trabajo
Get out!	¡No me digas!, ¡De verdad!
get out of bed on the wrong side, to	levantarse con el pie izquierdo
get out of hand, to	salirse del plato; excederse
Get out of here!	¡No me digas!
Get out of my face!	¡Salta de mis vista!, ¡Piérdete!
get out of the closet, to	revelar la verdadera inclinación o tendencia sexual que se tiene
get out of the way, to	salirse del paso; dejar vía libre

get out the vote, to	convencer a otros que salgan a votar
Get over it!	¡Olvídalo!, ¡Quítatelo de la mente!, ¡Déjalo ya!
get over somebody, to	superar una relación amorosa que se ha dejado
get physical, to	hacerse el amor, conocerse íntimamente
get real, to	ser sincero; confrontar la verdad
get screwed, to	ser víctima de algo o alguien
get snagged, to	ser enganchado/agarrado para casarse
get somebody off the hook, to	sacar a alguien de un atolladero
get something down, to	aprender bien algo
get something off one's chest, to	desahogarse; decir lo que se lleva dentro
get something out of something, to	sacarle algo a algo. Ejemplo: "At least I got something out of my training for that job". (Al menos le saqué algo a mi entrenamiento para ese trabajo.)
get squared with somebody, to	ajustar/saldar cuentas con alguien
get stumped, to	no saber qué contestar, quedarse en blanco, trabarse
get testy, to	irritarse
get the ax, to	perder el empleo o trabajo
get the ball rolling, to	empezar; darle salida a algo
get the better of somebody, to	ganarle a alguien
get the blues, to	entristecerse, deprimirse. Ejemplo: Every time I think of Jane I get the blues". (Cada vez que pienso en Juana me entristezco/deprimo.)
get the brush-off, to	ser ignorado por alguien
get the facts straight, to	tener la información correcta
get the go-ahead, to	obtener la aprobación o el permiso para realizar algo
get the hang of something, to	agarrarle la onda a algo
get the jitters, to	ponerse nervioso
get the job done, to	completar un trabajo; darle salida a algo

get the picture, to	entender
get the raw end of a deal, to	salir con la peor parte en algo
get the sack, to	ser despedido de un trabajo o empleo
get the short end of the stick, to	recibir menos que los demás
get the show on the road, to	poner manos a la obra
get the thumbs up/down on somebody or something, to	estar a favor de algo o alguien/oponerse a algo o alguien
get the word out, to	comunicar, dar a conocer algo, hacerlo público
Get this!	¡Entiende!
get to first base, to	realizar la primera etapa o dar el primer paso hacia algo
get to the root of the problem, to	comprender las causas de un problema
get traction, to	despertar interés o ser motivo de reconocimiento
get ugly, to	ponerse feo
get under somebody's skin, to	irritar, herir los sentimientos de alguien
get under way, to	ponerse en marcha
get up to speed, to	ponerse al tanto de algo
get wasted, to	emborracharse
get what's coming to one, to	recibir lo merecido
get wind of something, to	enterarse de algo
get word, to	recibir noticias en este momento. Ejemplo: "I just got word that the ship arrived". (Me acaban de decir que llegó el barco.)
Get your ass in gear! (vulgar)	¡Apúrate!
get your life back, to	volver a ser como antes
get-go	tiempo o momento en que comienza algo. Ejemplo: "I hated that project from the get-go". (Odié ese proyecto desde el mismo comienzo.)

ghetto	gueto. Lugar donde un grupo minoritario vive debido a situaciones sociales, económicas o legales
ghost, to	(1) desaparecer. (2) escribir en nombre de otro
G.I.	"Government Issue" (Emisión Gubernamental): (1) todo objeto provisto por una agencia militar. (2) soldado
gibber-gabber	galimatías
gibberish	jerga, sandeces
gig	trabajo o empleo
giggle goo	licor
Gimme some skin	Dame un apretón de manos
girl Friday	mujer que hace de todo en una oficina
girl next door	muchacha común y corriente
girls' night out	noche de parranda de mujeres
git	tonto o inútil
give 110 percent, to	trabajar más duro
give a break, to	dar un respiro, dejar tranquilo
give a happy call, to	dar una buena noticia por teléfono
give a heads-up, to	avisar, poner al tanto
give a kick in the butt, to	dar una patada en la nalga
give a pat on the back, to	animar; dar aliento; felicitar
give a piece of one's mind, to	cantarle las cosas claras a alguien
give a slap on the wrist, to	dar un tirón de orejas
give a song and a dance, to	declaración o explicación larga, conocida, que generalmente no es ni pertinente ni verdadera
give an earful, to	echar una bronca o reprimenda
give credit where credit is due, to	reconocer lo que ha hecho alguien, dar mérito a quien corresponde
give food for thought, to	reflexionar. Ejemplo: "My friend's words gave him food for thought". (Las palabras de mi amigo le hicieron reflexionar.)

G

give it a second thought, to	pensar de nuevo, reconsiderar
give it a shot, to	intentar
Give me a chance!	¡Espera un poco!
give one's take about something, to	dar una opinión o punto de vista acerca de algo
give rise to, to	causar algo
give some slack, to	aflojar la cuerda; ser más generoso
give somebody a black eye, to	dañar la reputación de alguien
give somebody a hard time, to	preocupar o molestar mucho a alguien
give somebody a leg up, to	estimular a alguien, darle un empuje
give somebody a piece of one's mind, to	cantarle a alguien las cuarenta, decirle cuatro verdades
give somebody a ring/buzz, to	llamar a alguien por teléfono
give somebody a taste of the same medicine, to	pagarle a alguien con la misma moneda
give somebody agita, to	dar pesadumbre, generar ansiedad; producir acidez o trastorno estomacal
give somebody or something a new lease on life, to	revivir a alguien o algo
give somebody or something a plug, to	dar publicidad a alguien o algo
give somebody static, to	discutir con alguien
give somebody the benefit of the doubt, to	creer en alguien hasta comprobar lo contrario
give somebody the business, to	echar una bronca a alguien; propinar una paliza; matar
give somebody the cold shoulder, to	tratar a alguien con frialdad; ignorar a alguien

give somebody the runaround, to	hacer falsas promesas para eludir una obligación
give somebody the third degree, to	(1) acosar a alguien en un interrogatorio. (2) echar una bronca a alguien
give somebody the X, to	deshacerse de alguien
give the boot, to	(1) echar o despedir a alguien. (2) deshacer una relación amorosa. Ejemplo: "She gave him the boot". (Rompió con él.)
give the creeps, to	ponerle a alguien los pelos de punta
give the finger, to	hacer un gesto ofensivo con el dedo medio
give the green light to somebody or something, to	dar la luz verde a alguien o algo
give the nod, to	asentir con un movimiento de la cabeza
give too much away, to	decir demasiado
give up, to	darse por vencido
give-and-take, to	hacer concesiones mutuas; acomodar
given	dado. Ejemplo: "Given his age". (Dada su edad.)
gizmo	aparatito
gizzum (vulgar)	semen
glam	"glamorous" (glamoroso, sofisticado)
glass ceiling	barrera discriminatoria, principalmente de mujeres y minorías
glimmer of hope	rayito de esperanza
glitch	defecto
glitzy	glamoroso; deslumbrante
gloating	regodearse con algo. Ejemplo: "Don't gloat over your victory". (No te regodees con tu victoria.)
gloom and doom	que se ve todo negro
gloss over, to	encubrir o disimular
G-man	investigador del FBI (Federal Bureau of Investigation)
go a long way, to	rendir mucho

G

go above and beyond the call of duty, to	ir más allá del deber
go after somebody, to	caerle encima a alguien. Ejemplo: "He went after me for no reason". (Me cayó encima sin razón alguna.)
go against the grain, to	ir contra la corriente
go along with, to	secundar
go ape, to	emocionarse, excitarse
go around, to	dar la vuelta
go at it again, to	volver a lo mismo, machacar sobre lo mismo
go back to square one, to	empezar de nuevo
go back to the drawing board, to	empezar de nuevo
go ballistic, to	dispararse (como un cohete); enfurecerse
go bananas, to	enloquecer; enojarse
go belly up, to	fracasar; declararse en bancarrota
go beyond one's means, to	sobrepasar los recursos disponibles. Ejemplo: "My friend Robert lives beyond his means". (Mi amigo Roberto se permite más de lo que puede.)
go big or go home	tírate por lo alto o déjalo
go broke, to	arruinarse
go by the book, to	regirse por las reglas o normas
go down in flames, to	fracasar miserablemente
go down the drain/toilet, to	perderse; desaparecer
go down with, to	contraer una enfermedad
go Dutch, to	pagar cada cual por su cuenta
Go figure	A ver si lo entiendes
go for broke, to	jugárselas todas. Ejemplo: "This time I'll go for broke". (Esta vez me las voy a jugar todas.)
Go for it!	¡Hazlo!, ¡Métele mano!
go for the kill, to	exacerbarse; tirar a matar

go from bad to worse, to	ir de mal en peor
Go fry an egg!	¡Ándate al diablo!, ¡Vete al carajo!
go gaga, to	chochear
go green, to	practicar normas ecológicas; respetar la naturaleza
go haywire, to	perder los estribos, explotar
go head-to-head, to	competir dos personas
go in one ear and out the other, to	entrar por un oído y salir por el otro
Go jump in the lake	No me molestes
go number one/two, to	orinar ("one") o defecar ("two")
go nuts, to	desquiciarse, desesperarse
go off the deep end, to	actuar precipitadamente; correr riesgos
go off the rails, to	descarriarse
go on a binge, to	irse de juerga o parranda
go on a wild goose chase, to	perder el tiempo
go out of one's way, to	esforzarse por algo
go out on a limb, to	aventurarse, arriesgarse
go out the door, to	perderse, desaparecer. Ejemplo: "All my dreams went out the door". (Todos mis sueños se perdieron.)
go out with a bang, to	tener un éxito rotundo
go over one's head, to	excederse, extralimitarse
go over somebody's head, to	pasar por encima de alguien
go overboard, to	pasarse del límite
go postal, to	encolerizarse hasta la violencia
go quietly into the night, to	desaparecer sigilosamente
go right through, to	pasar sin impedimento alguno
Go scratch yourself!	¡Vete a la porra!
go steady, to	tener relaciones románticas con alguien antes de un compromiso formal

go the distance, to	llevar algo a buen término
go the extra mile, to	ir más allá
go the way of all flesh, to	morir
go the way of the dinosaurs, to	desaparecer; extinguirse
go their separate ways, to	ir cada cual por su lado
go through the roof, to	subir a un nivel extremo o excesivo. Ejemplo: "Prices went through the roof". (Los precios subieron por las nubes.)
go to bat for, to	apoyar, secundar
Go to hell!	¡Vete al carajo!, ¡Vete a la mierda!
Go to momma!	¡Ve a llorarle a tu madre! ¡Ve a que tu madre te aguante!
go to pot, to	estropearse, echarse a perder
go to the dogs, to	fracasar, venirse abajo
go too far, to	excederse, extralimitarse
go under, to	fracasar
go under the knife, to	operarse, someterse a una operación
go up in flames, to	(1) incendiarse, quemarse. (2) perderse. Ejemplo: All we had went up in flames". (Todo lo que teníamos se perdió.)
go up in smoke, to	evaporarse, desvanecerse como el humo
go way back, to	por largo tiempo. Ejemplo: "Our friendship goes way back". (Somos amigos desde hace mucho tiempo.)
go way down/up, to	bajar/subir mucho
go with the flow, to	seguir la corriente
go with the territory, to	ser natural o inevitable
gob	gran cantidad. Ejemplo: "He's got gobs of money". (Tiene una enorme cantidad de dinero.)
God knows his ways	Dios sabe lo que hace
God willing	Dios mediante
godsend	enviado por Dios; caído del cielo

Godspeed!	¡Buen viaje!, ¡Buena suerte! Usado principalmente cuando se sale de viaje
gofer	mandadero, recadero
go-getter	agresivo, trabajador
go-go bar	bar, taberna o club donde bailan mujeres ligeras de ropa o desnudas
gold digger	cazafortunas
golden years	vejez
Golly!	¡Caray!
gone by the wayside	desaparecido; eliminado
gonna	"going to" (voy a)
good at heart	bueno de corazón
Good Book, the	Biblia
good catch	buen partido (matrimonial)
Good for you!	¡Bien hecho!
Good grief!	¡Por Dios!
Good job!	¡Bien hecho!
good old days, the	el dulce ayer, cualquier tiempo pasado fue mejor
good point	buena observación, buen argumento, bien dicho
Good to be here	Me agrada estar aquí. Ha sido un placer estar aquí
good to go	listo. Ejemplo: "We're good to go". (Estamos listos para salir/ir.)
good/bad call	buena/mala decisión
good-for-nothing	inútil, inservible
goodies	cosas ricas, apetitosas
goof	error estúpido; disparate
goof up, to	cometer un grave error
goofball	(1) píldora somnífera. (2) simplón, tonto
goon	matón
goose	simplón; tonto

G

goose bumps	carne de gallina
GOP	"Grand Old Party" (Partido Republicano)
Gosh!	¡Dios mío!
gospel truth	santa palabra
Got a sec?	¿Tienes un segundo?
Got it!	¡Lo entendí!
Gotcha!	¡Te agarré!
goth	música rock con lírica sombría y mórbida
gotta	"got to" (tengo que). Ejemplo: "I gotta go home". (Tengo que ir a casa.)
gouge, to	cobrar de más; estafar; engañar
gourd	cabeza
gourmet food	comida de alta cocina
grace period	tiempo extra que se otorga para pagar una cuenta
grand	mil dólares
grand opening	inauguración
grand slam	gran éxito o victoria en algo
grandstand, to	actuar con el propósito de impresionar
granny	abuelita
grass	marihuana
grass is always greener on the other side, the	nadie está nunca satisfecho con su suerte
grassroots	(1) básico, fundamental. (2) que es popular, que viene del pueblo. Ejemplo: "The candidate had grassroots support". (Al candidato lo apoyó el pueblo.)
gratify oneself, to	(1) satisfacerse. (2) masturbarse
gravitas	seriedad; dignidad
gravy train	dinero fácil
grease somebody's hands/palms, to	pagar (incluyendo soborno) para obtener un servicio
greater than life	que supera o desborda la realidad, como un héroe o personaje famoso

greenback	dinero estadounidense; dólar
gridlock	paralización total del tránsito o tráfico
grind to a halt, to	aminorar el movimiento hasta detenerse
groovy	placentero
gross	asqueroso
ground rule	regla del campo o terreno
ground zero	centro de algún cambio brusco o intenso. Ejemplo: Centro del ataque terrorista en Nueva York el 11 de septiembre de 2001
groundswell	oleada, corriente. Ejemplo: "A groundswell of antiabortion sentiment". (Una avalancha de opinión pública en contra del aborto.)
groupie	admirador de un artista
grow a spine, to	hacerse de valor
Grow up!	¡No seas infantil!
growing pains	dolores, angustias, dificultades del crecimiento
grown man	hombre adulto
grown-up	adulto
grub	comida
guesstimate	cálculo aproximado, semicálculo
guinea pig	conejillo de Indias
gun it, to	acelerar
gung ho	entusiasta
gut	(1) estómago. (2) coraje
gut feeling	sentimiento profundo. Ejemplo: "I have a gut feeling she's going to get married". (Algo me dice que se va a casar.)

G

H

hack, to	(1) escribir programas de computadora. (2) obtener ilegalmente acceso a un archivo o red electrónico
hacker	(1) programador experto. (2) programador que obtiene acceso ilícitamente a una red de computadora o archivo
hag	vieja despreciable
hairy	algo peligroso
hand in, to	entregar personalmente
hand over fist	rápidamente y a manos llenas
handcuffs	"esposas" (anillo de compromiso)
handheld	manual (sostenido en la mano)
handle somebody with kid gloves, to	tratar a alguien con delicadeza
hand-me-down	algo usado por una persona que ya había sido usado antes. Por ejemplo: "He wears hand-me-down clothes". (Él viste con ropa usada.)
handout	algo dado gratis
handpicked	seleccionado cuidadosamente
hands down	fácil de hacer. Ejemplo: "I can do that hands down". (Puedo hacerlo fácilmente.)
hands-free	sin usar las manos
Hands-off!	¡Quita las manos de ahí!, ¡No toques ni te metas!
handsome price	buen precio
hands-on experience	experiencia que se adquiere sobre la marcha
handyman	hombre habilidoso para todo
hang in the balance, to	estar en el aire
Hang in there!	¡Persevera!
hang loose, to	descansar, relajarse
hang on every word, to	escuchar con atención

hangout	lugar preferido de reunión
hangout, to	residir, vivir
hang-up	inhibición, miedo, problema
hanky-panky	travesuras, tejemanejes, juegos de mano
happy camper	persona que participa de buena gana en algo
happy days are here again	retorno de los buenos tiempos
happy medium	buen término medio
happy shop	licorería
happy-go-lucky	despreocupado, alegre
hard core	central o fundamental
hard hat	trabajador de construcción que cubre su cabeza con casco
hard liquor	bebida alcóholica destilada (no fermentada), generalmente con un contenido alcohólico de 40% a 50%
hard news	noticias importantes de última hora
hard nut to crack	hueso duro de roer
hard times	tiempos difíciles
hard to believe	increíble
hard to put into words	difícil de explicar
hard to swallow	difícil de tragar o creer
hard way, the	consecuencias duras o difíciles. Ejemplo: "He learned the lesson the hard way". (Aprendió la lección a la fuerza.)
hardball	métodos enérgicos e intransigentes empleados para obtener algo. Ejemplo: "His educational approach was pure hardball". (Tenía un enfoque duro respecto a la educación.)
hard-earned	bien ganado, ganado con esfuerzo
hardened criminal	criminal empedernido
hardest hit	la persona que más ha sufrido, la que ha recibido el mayor golpe. Ejemplo: "My friend Paul was the hardest hit". (Mi amigo Pablo fue el que recibió el golpe más duro.)
hardly ever	casi nunca

hard-nosed	testarudo
hard-on (vulgar)	erección del pene
hard-pressed	en apuros
hardship	apuro, privación, o necesidad
hardware	(1) utensilios o piezas de metal. (2) equipos o sus componentes usados para ciertos propósitos. Ejemplo: "Military hardware". (Equipo militar.)
harm's way	lugar o situación peligroso
harp on something, to	repetir algo incansablemente
has-been	alguien que en un tiempo fue famoso pero que ya no lo es
hash over, to	hablar, discutir algo
hassle-free	sin complicaciones o enredos
hatchet job	crítica feroz o destructiva
hatchet man	asesino a sueldo
hate crime	crimen que se comete contra una persona por su raza, etnicidad, religión o sexo
hate with a passion, to	odiar a muerte
hate-love relationship	relación en la que se quiere y se odia a la vez
have a bad feeling, to	presentir algo malo
have a bad hair day, to	tener un día en el que todo sale al revés o torcido
have a big head, to	creerse mejor que nadie
have a bigger fish to fry, to	tener cosas más importantes que hacer o en qué pensar
have a bite, to	picar algo de comer
have a blast, to	divertirse mucho, gozar de lo lindo
have a bone to pick with somebody, to	tener un desacuerdo con alguien
have a brush with death, to	ver la muerte de cerca
have a brush with the law, to	tener un choque/altercado con la ley
have a bun in the oven, to	estar embarazada

have a chill down one's spine, to	sentir escalofríos de emoción, sorpresa, asombro o susto; estremecerse por algo
have a chip on one's shoulder, to	ser un resentido
have a close call, to	salvarse por un pelo
have a cloud over one's head, to	tener alguna preocupación
have a crush with, to	sentir atracción hacia alguien
have a dark side, to	tener un lado siniestro, oscuro, tenebroso
have a dog in the fight, to	tener interés especial en algo
have a fighting chance, to	tener una pequeña posibilidad de ganar en algo
have a finger in the pie, to	estar metido en el asunto
have a fresh start, to	empezar de nuevo
have a good head on one's shoulders, to	ser inteligente; ser persona de recursos
have a green thumb, to	tener maña o aptitud de jardinero
have a gun to one's head, to	estar entre la espada y la pared; estar con una pistola en la frente
have a handle on something, to	entender algo
have a head start on/over somebody, to	llevarle ventaja a alguien
Have a heart!	¡No seas malo!, ¡Ten piedad!
have a heart-to-heart talk with somebody, to	hablar íntimamente con alguien
have a heavy heart, to	sentir abatimiento y congoja
have a hunch, to	tener un presentimiento o corazonada
have a lock on something, to	saber que se va a ganar en algo
have a long face, to	mostrar o expresar pesadumbre o melancolía por algo
have a loose tongue, to	tener la lengua suelta

have a lot on one's plate, to	tener muchas cosas entre manos
have a meltdown, to	tener un ataque nervioso; desquiciarse
have a mind for something, to	tener capacidad para algo o inclinación hacia algo
have a mind of its own, to	tener mente propia
have a mob mentality, to	dejarse llevar/influenciar por la multitud
Have a nice day	Que le vaya bien
have a nookie, to (vulgar)	realizar el coito
have a rendezvous with, to	encontrarse con alguien o algo
have a ripple effect, to	extenderse; diseminarse; esparcirse; tener consecuencias. Ejemplo: "His speech had a ripple effect". (Su discurso tuvo consecuencias.)
have a roof over one's head, to	tener casa
have a rough go, to	enfrentarse a algo con dificultades. Ejemplo: "She had a rough go at her new job". (No le fue muy bien en su nuevo trabajo.)
have a seat at the table, to	participar; formar parte de algo
have a senior moment, to	olvidarse de algo
have a shot at, to	tratar de hacer algo específico
have a show of hands, to	aprobar algo levantando la mano
have a soft spot, to	tener un lado vulnerable o tierno
have a way with, to	ser capaz de dirigir, persuadir o influenciar a otros
have a way with words, to	tener facilidad de palabra, labia
have an attitude, to	tener o desplegar un comportamiento hostil
have an ax to grind, to	tener alguna querella o motivo de queja con alguien
have an epiphany, to	tener una epifanía o revelación
have beef with somebody, to	tener ganas de discutir o pelear con alguien

have been around the block, to	ser maduro y con experiencia
have been had, to	haber sido engañado o timado
have big shoulders, to	ser capaz de soportarlo todo
have butterflies in the stomach, to	estar/ponerse nervioso
have clout, to	tener influencia
have deep pockets, to	poseer mucho dinero
have egg on one's face, to	avergonzarse
have eyes for, to	desear; encontrar a alguien atractivo
have eyes on the back of one's head, to	saber lo que está pasando sin verlo
have feet of clay, to	tener un defecto que generalmente no es percibido por los demás
have friends in all the wrong places, to	tener malos amigos
have friends in high places, to	tener buenas conexiones sociales
have guts, to	tener agallas, ser valiente
have had its day, to	haber dejado de ser útil o provechoso
have it both ways, to	quererlo todo. Ejemplo: "John wants it both ways: Wife and girlfriend at the same time". (Juan lo quiere todo: esposa y amiga al mismo tiempo.)
have it made, to	triunfar; tenerlo todo
Have it your way	Haz lo que quieras. Haz como tú quieras
have legs, to	ser factible, viable
have mixed feelings, to	no saber qué pensar
have money to burn, to	tener dinero de sobra
have on the tip of the tongue, to	tener en la punta de la lengua
have one's brain on a leash, to	estar borracho

H

have one's days numbered, to	tener los días contados
have one's fill, to	quedar satisfecho
have one's hand in the till, to	robar en una empresa u organización
have one's head in the clouds, to	estar en las nubes
have rocks in one's head, to	ser un estúpido
have seconds, to	repetir el plato
have seen better days, to	haber visto mejores días; no ser como antes. Ejemplo: "That car has seen better days". (Ese automóvil tuvo su tiempo o época.)
have skeletons in the closet, to	guardar en secreto algo muy vergonzoso
have snow on the roof, to	tener canas, ser canoso
have somebody for breakfast, to	derrotar a alguien fácilmente
have somebody in one's corner, to	tener un aliado
have somebody on a string, to	tener a alguien en un puño
have somebody or something on the radar screen, to	tener a alguien o algo en la mira
have somebody wrapped around one's finger, to	tener a alguien comiendo de su mano
have something down pat, to	haber aprendido o memorizado algo perfectamente
have something hanging over one's head, to	tener una preocupación
have something on the tip of the tongue, to	tener algo en la punta de la lengua
have something up the sleeves, to	traerse algo entre manos

have sticky fingers, to	tener las manos largas; robar
have sweet dreams, to	soñar con los angelitos
have the ear of somebody, to	ser confidente de alguien
have the eyes on the ball, to	estar pendiente de algo
have the hots for, to	sentir atracción por alguien
have the spine to, to	tener valor, arrojo, valentía
have the upper hand, to	dominar; estar en ventaja
have thick/thin skin, to	ser insensible/sensible a una opinión
have thin blood, to	ser sosegado, calmado, tener la sangre fina
have to hand it to somebody, to	tener que reconocer algo a alguien. Ejemplo: "You have to hand it to her, she knows all about math". (Tienes que reconocer que sabe mucho de matemáticas.)
have too many irons in the fire, to	tener muchas cosas entre manos
have traction, to	algo que vale investigar, que tiene posibilidades
have what it takes, to	tener lo que hay que tener
haves and have-nots, the	los que tienen y los que no tienen
hazing	novatadas
head doctor	siquiatra
head out, to	salir
head start	ventaja obtenida al comienzo
headhunter	persona o agencia que se dedica a conseguir empleo, especialmente a ejecutivos
head-on	de cabeza; de frente
Heads up!	¡Ojo!
heads will roll	problema que se avecina
headshrinker	siquiatra
head-to-head	uno contra otro
health care provider	(1) médico, clínica u hospital. (2) compañía de seguro médico

H

health freak	persona obsesionada con la salud
heap	automóvil viejo, destartalado
hear it through the grapevine, to	oír información o rumores transmitidos de boca en boca. Ejemplo: "I heard it through the grapevine". (Me lo dijo un pajarito.)
Hear me out!	¡Escúchame!, ¡Pon atención!
hearsay	habladurías
heart condition	enfermedad cardíaca
heart of the matter, the	el centro o corazón del asunto
heartland	centro del país
heart-stopping	que paraliza el corazón
heartwarming	que alegra el corazón
heart-wrenching	que destroza el corazón, que lo llena de dolor
heat	policía
Heaven help us	Dios nos ayude
heaven knows when	sabe Dios cuándo
heavy hitter	persona u organización importante
heavy lifting	tarea pesada y laboriosa
heavy-duty	(1) muy resistente. (2) muy intenso. (3) muy importante
heavy-handed	(1) torpe, tosco. (2) cruel, opresivo, tiránico
Heck!	¡Caray!
hee-haw	risa grosera
Hell!	¡Diablos!
hell in a handbasket, to	irse a la ruina rápida y totalmente
hellacious	(1) excepcionalmente potente o violento. (2) muy bueno. (3) muy difícil. (4) muy grande
hellhole	lugar de extrema miseria
Hello?	Expresión irónica ante un comentario necio. Ejemplo: "Who's buried in Samuel's grave? Hello?" (¿Quién está enterrado en la tumba de Samuel? ¿Eh?)
helluva	"hell of a" (muy). Ejemplo: "He's a helluva man". (Es muy hombre.)

Help me out with this	Ayúdame a entender esto
Help yourself	Sírvase usted mismo
helter-skelter	hecho de forma apresurada o confusa
herd together, to	agruparse
Here you go again!	¡Vuelta otra vez con lo mismo!
Here's the deal	He aquí la cuestión
here's the point	he aquí la cuestión
heretofore	hasta ahora
Hey!	¡Eh!
Hey man!	¡Oiga amigo!
hick	simplón; provinciano
hidden agenda	plan oculto
hidden fees	cargos y recargos de una compañía que se tratan de ocultar
high noon	(1) hora cero, hora culminante, decisiva. (2) etapa de máximo avance
high profile	muy conocido
high stakes	apuestas costosas
high tech	de alta tecnología
high-end	de gran calidad y sofisticación y generalmente de mayor precio
higher calling	tener una mejor vocación, ser llamado a algo más elevado o altruista. Ejemplo: "I always knew you had a higher calling". (Siempre supe que estabas destinado a algo mejor/que servías para mucho más de lo que estabas haciendo.)
highly unlikely	poco probable
highroller	(1) sibarita. (2) gran jugador
highway robbery	algo que se vende a un precio exorbitante
hillbilly	patán; pueblerino; proveniente de una región muy atrasada
hilt, to the	por completo; a fondo

hinky	cauteloso; suspicaz
hint at, to	insinuar
hip	en la onda
hip shooter	(1) que habla sin rodeos. (2) que actúa con precipitación
hit a home run, to	tener mucho éxito en algo
hit a snag, to	tropezarse con un problema
hit and run, to	darse a la fuga después de atropellar a alguien
hit home, to	comentario que afecta a uno personalmente
hit it off with somebody, to	llevarse bien con alguien
hit on somebody, to	manifestar interés por alguien
hit rock bottom, to	tocar el fondo
hit the ball out of the park, to	hacer algo espectacular
hit the books, to	estudiar
hit the bottle, to	beber
hit the deck, to	tirarse al suelo para evitar un peligro
hit the ground running, to	comenzar o proceder de modo rápido, enérgico y eficaz
hit the hay, to	véase "hit the sack"
hit the jackpot, to	tener mucha suerte o éxito
hit the nail on the head, to	estar correcto; dar en el blanco
Hit the road!	¡Lárgate!
hit the sack, to	irse a dormir
hit the spot, to	refrescar o satisfacer. Ejemplo: "That wine hit the spot". (Ese vino me sentó de maravilla.)
hit the streets, to	salir a la calle
hit the wall, to	(1) llegar a un límite que impide mayor progreso o éxito. (2) llegar al punto de total agotamiento
hit where it hurts, to	dar donde duele
hit-and-miss	que depende mucho del azar

hither and thither	aquí y allá
hoax	engaño, timo, trampa
hobo	(1) vagabundo. (2) peón migratorio
hodgepodge	mezcolanza
hog	glotón
hold a grudge, to	guardar rencor
hold accountable, to	hacer responsable
hold dear, to	apreciar; querer en extremo; tener cerca del corazón
hold hands, to	tomarse de las manos
Hold it!	¡Espera!, ¡Sujétalo!
Hold on!	¡Espera!, ¡Aguántate!
hold one's breath, to	esperar con ansiosa anticipación
hold one's ground, to	mantenerse firme en una posición
hold one's own, to	mantenerse firme en una posición
hold somebody to the fire, to	poner a alguien a una prueba extrema
hold something against somebody, to	pensar mal de alguien debido a algo. Ejemplo: "My dog peed on your lawn. I hope you don't hold this against me". (Mi perro se meó en su césped. Espero que usted no piense mal de mí.)
Hold tight!	¡Agárrate fuerte!
Hold your horses!	¡Un momentito!, ¡No te dispares!, ¡Aguanta ahí!
hole up, to	esconderse
holier-than-thou	más papista que el Papa
Holy cow!	¡Rayos!
Holy moly!	¡Caray!
Holy smokes!	¡Caramba!
home mom	ama de casa
home schooling	instrucción académica en el hogar
homeboy	hombre del mismo vecindario o pueblo
home-free	fuera de peligro

H

homegrown	del país
homeland	patria
home-made	hecho en casa, de manufactura casera
hometown	pueblo natal
homo (ofensivo)	"homosexual" (homosexual)
honcho	jefe
honest-to-God	como Dios manda
honest-to-goodness	genuino, real
honey-bun	cariñito, amorcito
honky (ofensivo)	término peyorativo entre los negros refiriéndose a una persona de raza blanca
hoochie	mujer baja, inmoral; puta
hood	(1) "neighborhood" (barrio). (2) delincuente juvenil
hoo-ha	conmoción
hook up, to	enganchar (a alguien con alguien)
hook, to	robar
hooker	prostituta
Hooray!	¡Hurrá!
hope for the best, to	esperar lo mejor
hopeless case	caso perdido
horn	teléfono
horny	caliente (sexualmente)
horse around, to	retozar
horse of a different color	algo distinto
horsefeathers	tonterías
horseshit	véase "bullshit"
hose, to	atacar o matar con armas automáticas
hot as hell	caliente como carajo
hot goods	cosas robadas
hot line	línea telefónica directa

hot mama	mujer muy atractiva y sensual
hot pants	mujeriego
hot pursuit	perseguir a alguien con gran intensidad
hot spot	lugar muy popular y de moda
hot topic	tema candente
hotbed	semillero; foco
hothead	exaltado, impetuoso
hot-headed	alocado, desquiciado
hotshot	persona de gran talento o éxito. Ejemplo: "He's a hotshot movie star". (Es una gran estrella de cine.)
hottie	mujer hermosa, muy atractiva
hours ticking down	pasando las horas, el tiempo
house call	visita casera, como la hecha por un médico
house of cards	estructura o plan inestable
house-flipping	arreglar una casa para venderla enseguida
household name	nombre muy conocido
house-hunting	en busca de casa para comprar o alquilar
How come?	¿Cómo?
How do you like them apples?	¿Cómo te gusta eso?
How great it is!	¡No se puede pedir más!
How so?	¿Cómo?, ¿Cómo dices?, ¿Cómo es eso?
Howdy!	¡Hola!
Huh?	¿Qué?
humbug	patrañas
humongous	enorme, grandísimo, descomunal
hunk	hombre muy apuesto y musculoso
hunker down, to	(1) buscar refugio. (2) esperar por largo tiempo
Hush!	¡Chitón!
hush money	soborno que se paga para guardar algo en secreto

H

hussy	mujer desvergonzada
hustle and bustle	bullicio, ajetreo diario
hustle, to	apurarse; apresurar
hustler	(1) buscavidas. (2) estafador. (3) prostituta
Hyah	Hola
hype	exageración, hipérbole

I

I am with you	Te oigo. Te escucho. Te sigo
I appreciate it	Te/Se lo agradezco
I can tell	Me doy cuenta de algo. Ejemplo: "I can tell you're tired". (Me doy cuenta de que estás cansado.)
I can't tell the difference	No veo la diferencia. Ejemplo: "I can't tell the difference between that house and the other". (No veo la diferencia entre esa casa y la otra.)
I couldn't help it	No pude evitarlo. Ejemplo: "I couldn't help listening to the conversation". (No pude evitar escuchar la conversación.)
I dare say	Me atrevo a decir. Me imagino
I don't give a hoot	Me importa un comino
I don't give three beans	Me importa tres cominos
I get the message	Te entiendo. Sé lo que dices
I guess so	Supongo que sí
I have got/I've got	Tengo
I hope not	Espero que no
I love you for who you are	Te quiero por ser quien eres
I mean it!	¡Lo digo en serio!
I never saw it coming	Me agarró de sorpresa
I quit!	¡Me voy!, ¡Me largo!, ¡Lo dejo!
I take it that	Entiendo que
I told you so!	¿No te lo dije?
I.D.	"identification" (identificación)
I'll tell you what	Déjame decirte algo
ice	diamantes, joyas caras
ice palace	joyería
ice, to	matar

icing/frosting on the cake	beneficio extra
icky	desagradable
icon	ídolo
idea box	cabeza; cerebro
idiot box	televisor
idle, to	parar el automóvil sin apagar el motor
if looks could kill	si las miradas matasen
if at all possible	si fuera posible; si pudiera ser
if nothing else	al menos, por lo menos. Ejemplo: "If nothing else, you have your parents". (Al menos tienes a tus padres.)
if push comes to shove	en último caso
if so	si es así; en ese caso
if the shoe fits, wear it	si algo verdaderamente se refiere a ti, acéptalo
if you can't stand the heat, get out of the kitchen	si es mucho para ti, déjalo
If you will	Si te/le parece
iffy	dudoso
ill will	inquina; antipatía
ill-advised	desacertado
ill-fated	infortunado
in	de moda
in a bit	al instante; en este momento
in a flash	de repente
in a heartbeat	en un soplo
in a jiffy	al instante, rápidamente
in a kind of way	de cierta manera, de cierto modo
in a lip lock	besándose
in a little while	enseguida. Ejemplo: "I'll see you in a little while". (Te veo enseguida.)
in a New York minute	muy rápido, al instante

in a nutshell	en pocas palabras
in a pinch	si fuera necesario
in a snap of the fingers	en un santiamén
in a split second	en una fracción de segundo
in a way	de alguna manera; de cierta forma
in advance	por adelantado
in all likelihood	lo más probable
in and of itself	intrínseco
in any case	de todas maneras
in any way, shape, or form	de ninguna manera. Ejemplo: "I have never been involved in any way, shape, or form with illegal gambling". (Nunca he estado envuelto de modo alguno en juegos de apuesta ilegales.)
in brief	en resumen
in broad daylight	a plena luz del día
in closing	para terminar, para concluir, para dar punto final
in connection with	en relación con
in droves	a manadas; a torrentes; a racimos
in due course	a su debido tiempo
in earnest	en serio; de verdad
in fact	de hecho
in glowing terms	en términos elogiosos, en palabras halagadoras
in good faith	de buena fe
in good spirits	tener la moral alta; estar animado; alegre
in haste	apresuradamente
in hock	(1) endeudado. (2) empeñado
in jest	en broma
in keeping with	en conformidad con
in lieu of	en vez de, en lugar de
in line with	a la par con

in living memory	que se recuerde o de que se tenga memoria. Ejemplo: "It was the worst disaster in living memory". (Fue el peor desastre que se recuerde.)
in lockstep	en rígida y perfecta conformidad con algo
in mint condition	como nuevo; en perfectas condiciones
in more ways than one	de muchas maneras o formas
in my book	en mi opinión
in my judgment	a mi juicio
in no time	ya; al instante
in no uncertain terms	de forma específica y directa
in one's nature	conforme a la forma de ser o naturaleza de cada cual
in one's own right	según habilidad y capacidad propias. Ejemplo: "He is a fine manager in his own right". (Él es un buen gerente gracias a su propia capacidad.)
in order to	para. Ejemplo: "In order for me to do it, you have to come early". (Para que yo lo pueda hacer, tienes que venir temprano.)
in other words	es decir, o sea
in passing	de pasada
in place	(1) establecido, asentado. (2) lugar de moda muy popular
in point of fact	véase "in fact"
in short	en breve
in spite of	a pesar de
in tandem	conjuntamente; uno detrás del otro
in terms of	en cuanto a
in that case	en ese caso
in the blink of an eye	en un abrir y cerrar de ojos
in the buff	desnudo
in the cards	inevitable. Ejemplo: "A happy marriage was not in the cards for her". (Un matrimonio feliz no estaba en su destino.)
in the clutch	en una situación de emergencia

in the course of	durante
in the doldrums	estar en un período de inactividad; estancamiento
in the end	al final
in the eye of the beholder	todo es según el color del cristal con que se mira
in the final analysis	a fin de cuentas
in the flesh	en persona
in the grip of the grape	borracho
in the groove	en forma, en vena. Ejemplo: "The guitar player was in the groove". (El guitarrista estaba en forma.)
in the heat of the moment	en un momento acalorado
in the house	de cuerpo presente. Ejemplo: "The speaker is in the house". (El orador se encuentra entre nosotros.)
in the interest of time	pensando en el tiempo
in the least	en lo más mínimo
in the light of day	en pleno día
in the limelight	en el centro de la atención
in the long term	a la larga
in the middle of nowhere	en medio de la nada; en un lugar apartado y solitario
in the near term	en un futuro inmediato
in the neighborhood of	alrededor de. Ejemplo: "How much did it cost you?"— "In the neighborhood of $1000". ("¿Cuánto te costó?"— "Alrededor de $1000.")
in the nick of time	en el momento preciso, justo a tiempo
in the offing	en el futuro próximo o previsto
in the open	al descubierto
in the raw	en cueros, en pelotas; al desnudo
in the short/long run	a corto/largo plazo
in the simplest terms	con palabras claras y precisas
in the soup	en una situación difícil. Ejemplo: "That remark landed him in the soup". (Ese comentario lo metió en un gran apuro.)

in the wake of	tras, como resultado de. Ejemplo: "In the wake of the hurricane, they fled the city". (Tras el huracán huyeron de la ciudad.)
in the works	en preparación
in those days	en aquellos tiempos
in tow	a remolque
in view of	en vista de
in your face	desafiante; provocativo; agresivo
Indian giver	el que da algo y lo pide de vuelta o espera recibir algo equivalente
info	"information" (información)
infomercial	anuncio televisivo en que se explica o describe en detalle el producto que se desea vender
information highway	internet
information overload	sobrecarga informativa
in-house	que se conduce, tiene lugar o se origina dentro de una organización o grupo. Ejemplo: "An in-house magazine". (Una revista propia.)
ink, to	firmar
inner circle	grupo selecto de personas influyentes
inner city	zona central de la ciudad, generalmente la más pobre, antigua y densamente poblada
inside job	delito o transgresión cometido por la persona en quien se confía
insofar as	en la medida en que
instant replay	repetición de una jugada deportiva
instead of	en vez de
intel	"intelligence" (servicio de inteligencia)
interact, to	relacionarse
interlibrary loan	servicio de prestación de libros obtenidos de otras bibliotecas cuando la biblioteca que uno frecuenta no los tiene
into the night	en la oscuridad de la noche

IOU	"I owe you" (te debo); acuerdo informal de una deuda
iron out, to	resolver algo
is just	es simplemente. Ejemplo: "It's just a matter of time". (Es simplemente cuestión de tiempo.)
Is that clear?	¿Está/Queda claro?
-ish	sufijo que indica el menor grado o parecido de una cosa. Ejemplo: "Greenish" (verdoso), "fourish" (sobre las cuatro).
it all adds up	todos los detalles van cobrando sentido
it can't hurt	no está de más. Ejemplo: "It can't hurt to do what he says". (No está de más hacer lo que él dice.)
it doesn't add up	no tiene sentido
it doesn't cut it	no tiene sentido, no tiene ni pies ni cabeza
it doesn't even come close	ni se le acerca o aproxima
it doesn't hold water	incapaz de resistir un análisis
it goes without saying	ni que decir tiene
it isn't fair	no es justo
it looks that way	así parece
it makes no difference	no importa; no hace diferencia alguna
It never crossed my mind	Ni se me pasó por la mente o cabeza, nunca lo pensé
it pays	vale la pena
it remains to be seen	falta por ver
it runs in the family	viene de familia. Ejemplo: "That same love for nature runs in the family". (Ese mismo amor por la naturaleza viene de familia.)
It slipped my mind	Se me olvidó, se me escapó de la mente
it speaks for itself	es evidente; habla por sí mismo
it takes a village	el bienestar general de los niños depende de la buena voluntad y los esfuerzos de muchas personas
it takes two to tango	algo que no se puede hacer sin cooperación
it was about time	ya era hora

It was my fault	Fue mi culpa
it works	funciona; da resultado; es eficaz
it's a go	que tiene luz verde
it's a wash	parejo; en lo que no se gana o pierde
it's a whopper	es enorme, descomunal, colosal
it's always the same	siempre pasa lo mismo, siempre es lo mismo
it's been awhile	hace ya un buen tiempo
it's better than nothing	es mejor que nada. Ejemplo: "Some money is better than nothing". (Algún dinero es mejor que nada.)
it's beyond belief	es increíble; no se puede creer
it's fair to say	es justo decir
It's Greek to me	No entiendo ni papa. Esto es chino
it's no wonder	no en balde; no extraña que
it's not good enough	no basta
it's not over until the fat lady sings	no dar por sentado el fin o resultado de algo hasta no tener prueba conclusiva de ello
It's on me	Yo invito. Esto va por mí
it's only fair	es lo justo
it's only fitting	es apropiado
it's over	se acabó
it's the least	es lo menos
it's too bad	es una lástima/pena
itty-bitty/itsy-bitsy	muy pequeño, minúsculo

J

jack off/jerk off, to (ofensivo)	masturbarse
jack up, to	aumentar. Ejemplo: "The company jacked up its prices". (La compañía aumentó los precios.)
jackass	burro, cretino, imbécil
jack-of-all-trades	persona capaz de realizar pasablemente una multitud de tareas u oficios
jailbait	menor de edad con la que es prohibido tener relaciones sexuales
jailbird	delincuente habitual
jalopy	automóvil viejo y destartalado
jam	(1) aprieto, enredo. (2) embotellamiento de tráfico
jam-packed	repleto, atestado de gente o público
Jane Doe	nombre genérico dado a la mujer norteamericana en general
jaw-dropping	algo que deja boquiabierto
jaws	tiburón
jazz up, to	avivar, animar
jerk somebody around, to	hacer perder a alguien el tiempo; engañar a alguien acerca de lo que se quiere hacer
jerk	persona tonta y/o desagradable
jet lag	agotamiento físico y mental después de un viaje largo en avión
jet set	grupo social internacional de personas pudientes que frecuentan lugares de moda; jet set
jewels	par de zapatos elegantes
jiffy/jiff	momento, instante
Jimmy cap	condón
jitterbug	persona nerviosa

job hunt	búsqueda de empleo
Joe Blow	cualquier persona
John Doe	cualquier persona; el ciudadano en general
john	(1) inodoro, excusado. (2) cliente de prostituta
Johnny-come-lately	(1) recién llegado. (2) advenedizo, nuevo rico
joined at the hip	inseparables. Ejemplo: "Charles and Mary have been joined at the hip since they met in college". (Carlos y María han sido inseparables desde que se conocieron en la universidad.)
joint	(1) cigarrillo de marihuana. (2) lugar de mala muerte, antro, cárcel
joking aside	bromas aparte; hablando en serio
jolly good fellow	(1) buena persona. (2) alguien que se celebra o es motivo de una celebración, como un cumpleaños, aniversario, etc.
jolt to a stop, to	parar en seco
jones	heroína
joy ride	paseo en automóvil
judgment call	decisión, opinión o fallo subjetivo hecho por una persona
jugs (vulgar)	senos
juice	electricidad
juicy	(1) atrevido, picante. Ejemplo: "She gave me juicy details about their relationship". (Me dio detalles muy jugosos sobre sus relaciones.) (2) beneficioso o ventajoso. Ejemplo: "That company got a juicy contract". (Esa empresa obtuvo un contrato ventajoso.)
jump at somebody, to	saltar a la vista
jump on the wagon, to	adherirse, avenirse a algo o alguien
jump ship, to	desertar; dejar el trabajo o empleo
jump the gun, to	hacer algo impetuosamente
jump through a hoop, to	obedecer, hacer caso
jump to conclusions, to	hacer decisiones precipitadas
jump up and down, to	saltar de alegría

jump-start, to	recomenzar; revivir
jungle mouth	mal aliento
junk	trastos viejos
junk food	comida de inferior calidad
junk mail	promoción comercial que se recibe por correo
junkie	(1) drogadicto o vendedor de drogas. (2) persona que es muy aficionada o apegada a algo. Ejemplo: "I am an antiques junkie". (Me encantan las antigüedades.)
just about	a punto de; casi
just as good as	tan bueno como
just for kicks	sólo para divertirse
just in case	por si acaso
just in time	justo a tiempo
just now	en este preciso momento
just off the boat	ingenuo, cándido
just right	perfecto
just the same	igual
just too bad	realmente una lástima o pena
just what the doctor ordered	exactamente lo ordenado por el médico; algo que se necesita o desea
just words	habladurías; meras palabras

J

K

Kabuki dance	algo confuso, algo que no se entiende
kaput	fracasado, derrotado, destruido. Ejemplo: "His business went kaput". (Su negocio se fue a pique.)
keep a cool head, to	no alterarse, guardar ecuanimidad
keep a stiff upper lip, to	ser valiente sin revelar emociones
keep a straight face, to	contener la risa
keep abreast, to	mantenerse al tanto de algo
keep an eye on somebody/something, to	vigilar o cuidar a alguien o algo
keep an eye on the ball, to	prestar atención
keep an eye out for somebody or something, to	estar a la expectativa de que alguien o algo aparezca
keep in mind, to	tener presente
keep on one's toes, to	estar o permanecer alerta
keep on trucking, to	seguir adelante
keep one's chin up, to	no perder el ánimo
keep one's eyes peeled, to	mantenerse alerta; vigilar
keep one's fingers crossed, to	tener esperanza en algo
keep one's head above water	mantenerse a flote
keep one's nose clean, to	no meterse en líos
keep one's word, to	cumplir con la palabra
Keep out of my sight!	¡Piérdete!, ¡Salta de mi vista!, ¡Desaparécete!
keep out of the picture, to	excluir, dejar fuera

keep somebody at arm's length, to	guardar la distancia con alguien
keep somebody at bay, to	mantener a alguien a raya
keep somebody in line, to	mantener a alguien a raya
keep somebody on a leash, to	mantener control sobre alguien
keep somebody posted, to	mantener a alguien al tanto
keep something on an even keel, to	mantener la estabilidad de algo
keep something to oneself, to	guardar un secreto
keep tabs on somebody/ something, to	vigilar u observar a alguien o algo
keep to oneself, to	(1) mantener secreto. (2) preferir estar solo
keep under lock and key, to	guardar bajo candado
keep up appearances, to	guardar las apariencias
Keep up the good work	Sigue adelante
keep up the pace, to	continuar en la misma marcha o velocidad
keep up with the news, to	mantenerse informado
Keep your spirits up	Arriba ese ánimo
keep/lose one's head, to	mantener/perder la calma
key a car, to	rayar un automóvil con una llave
kick	efecto o experiencia agradable o estimulante
kick ass, to	véase "kick butt, to"
kick butt, to	usar medidas enérgicas para lograr un objetivo; ganar o tener gran éxito en algo
kick in, to	comenzar a operar o tomar efecto
kick oneself, to	darse con la cabeza contra la pared
kick somebody out, to	sacar a alguien a patadas

K

kick the bucket, to	morir
kick the can down the road, to	alargar o extender algo
kick the habit, to	dejar un vicio
kick the tires, to	inspeccionar superficialmente algo
kick up one's heels, to	celebrar
kick-ass (vulgar)	excelente, magnífico
kickback	mordida
kickin'	pasándola bien con los amigos, divirtiéndose
kid's stuff	cosas fáciles de hacer
kike (vulgar)	judío
kill the goose that lays the golden eggs, to	matar a la gallina de los huevos de oro
killer	(1) muy impresionante o eficaz. (2) algo muy difícil
kilobucks	montón de dinero
kind of	algo; hasta cierto grado. Ejemplo: "She looked kind of tired". (Parecía que estaba algo cansada.)
kinky	sexualmente inusitado, anormal o pervertido
kiss and make up, to	hacer las paces
kiss good-bye to something, to	perder algo
kiss of death	acto que causa ruina
kiss somebody good-bye, to	despedirse de alguien
kiss up to, to	buscar favores de manera servil
kiss-and-tell	discutir públicamente información confidencial sobre alguien
kisser	boca
kite, to	recibir dinero mediante un cheque sin fondos
klutz	perona poco diestra
Knock it off!	¡Para ya de fastidiar!

knock over, to	(1) eliminar. Ejemplo: "He knocked over all difficulties". (Eliminó todas las dificultades.) (2) robar. Ejemplo: "John knocked over a bank". (Juan robó un banco.)
knock somebody's skin, to	dar un apretón de manos
knock the socks off, to	abrumar, deslumbrar, asombrar, sorprender
knock them dead, to	asombrar o dejar con la boca abierta
knock up, to (vulgar)	embarazar
knockers (vulgar)	senos
knocking boots (vulgar)	fornicar, follar, templar, singar
knockout	mujer despampanante, que quita el aliento
knothead	estúpido, imbécil
know a thing or two, to	saber algo relativamente bien
know best, to	ser el mejor juez; saber más que nadie
know better, to	saber o reconocer que algo está mal o que es imposible
know for a fact, to	saber a ciencia cierta
know full well, to	saber demasiado bien
know one's ABCs, to	saber lo básico o fundamental de algo
know right from wrong, to	saber distinguir entre lo bueno y lo malo, entre el bien y el mal
know somebody like a book, to	conocer a alguien íntimamente
know somebody/ something like the back of one's hand, to	conocer muy bien a alguien o saber algo muy bien
know the ins and outs of something, to	conocer algo a cabalidad
know the ropes, to	saber las técnicas y los procedimientos tanto básicos como especiales de algo
know the score, to	saber los detalles esenciales de algo
Know what I'm saying?	¿Me entiendes?, ¿Está claro lo que digo?, ¿Me explico?
know what's what, to	conocer los hechos de algo
know-it-all	sabiondo

K

knuckle sandwich	puñetazo o trompada en la boca
knucklehead	estúpido
kook	chiflado, excéntrico, extraño
Kool-Aid drinker	persona que se deja convencer fácilmente por la ideología de otros; persona crédula
kosher	adecuado, aceptable, satisfactorio
kraut (vulgar)	alemán
kudos	elogio; gloria, fama como resultado de un acto o logro
kumbaya	jovialidad falsa. Ejemplo: "So we curse and scream at each other, and then the boss wants us to have a group hug and to sing kumbaya". (Así que nos gritamos y nos insultamos, pero después el jefe pide que nos abracemos y cantemos kumbaya.)
kybo	retrete construido a cierta distancia de la casa

L

labonza	barriga
lady-killer	hombre apuesto, tenorio y conquistador
lagged time	intervalo entre un evento y el tiempo en que sus efectos son manifiestos
lame	malo, débil, inferior
lame duck	(1) persona cuyo mandato está próximo a expirar. (2) persona o grupo que continua ejerciendo su cargo político durante el período entre la elección y la inauguración de su sucesor
lamps	ojos
land of milk and honey	paraíso terrenal
landfill	basurero/basural
landmark	suceso o acontecimiento que marca un momento crucial o decisivo
landslide	victoria política aplastante
language police	persona o entidad dedicada a vigilar el lenguaje, especialmente el que puede ser ofensivo o discriminatorio
lardass	culón, nalgón
large extent, to a	en gran parte
last but not least	y por último pero importante también
last leg	etapa o tramo final. Ejemplo: "That's the last leg of the trip". (Ese es el último tramo del viaje.)
last man standing	el último que queda
last time I checked	que yo sepa. Ejemplo: "Last time I checked they were married". (Que yo sepa ellos estaban casados.)
last-ditch	esfuerzo final para evitar el desastre. Ejemplo: "That was the last-ditch attempt to raise the money". (Ese fue el intento final de conseguir el dinero.)
lasting	duradero
lastly	por último

latchkey child	niño de edad escolar cuyos padres trabajan y que debe pasar parte del día solo en casa
late	difunto. Ejemplo: "The late Mr. Smith". (El difunto Sr. Smith.)
late bloomer	tardío en madurar o triunfar
Later	Adiós. Hasta luego
laugh all the way to the bank, to	ganar en algo que parecía no tener valor
laugh oneself silly, to	no parar de reír
laughing matter	algo que es motivo de risa, irrisorio
laundry list	lista de cosas por hacer
law-abiding	que acata o cumple con la ley
lawyer up, to	obtener los servicios de un abogado
lay it on the line, to	no estar/andarse con rodeos
lay low, to	no dejarse ver, esconderse
lay off, to	despedir, echar de un empleo
lay something on the line, to	jugarse algo
lay to rest, to	enterrar a una persona
lazybones	perezoso
leak out, to	filtrar información confidencial, generalmente a la prensa
leap of faith	creer o confiar en algo que no puede probarse
learn/know something by heart, to	aprender/saber algo de memoria
leave a bad taste in the mouth, to	dejar mal sabor en la boca
leave in midstream, to	dejar a mitad de camino
Leave it to me!	¡Déjalo por mi cuenta!
leave no stone unturned, to	buscar con ahínco
leave out to dry, to	dejar en el aire, abandonar

leave somebody holding the bag, to	cargarle el muerto a alguien
leave somebody out in the cold, to	dejar a alguien; excluir
leave the scene, to	abandonar la escena de un accidente o crimen
leeway	libertad de acción
lefty	zurdo
legit	legal, legítimo
lend an ear, to	prestarle atención a alguien
lesser of two evils, the	el menor de dos males
let alone	menos aún. Ejemplo: "I have no money to buy a tie, let alone a suit". (No tengo dinero para comprarme una corbata y menos aún un traje.)
let bygones be bygones, to	olvidar el pasado; lo que pasó pasó
let it all hang out, to	revelar los verdaderos sentimientos de uno; actuar sin disimulo
let it all out, to	sacárselo todo; desembucharlo; sacar lo que uno tiene por dentro
let it be known	que se sepa
Let it go!	¡Suéltalo!, ¡Déjalo pasar!, ¡Ignóralo!
let it stand, to	dejarlo como está
Let me get this straight	Déjame ver si lo entiendo
Let me put it this way	Déjame decirlo así
let off steam, to	desahogarse
let pass something, to	dejar pasar, olvidar, perdonar
let somebody down, to	defraudar a alguien
let somebody walk, to	librar de culpa a alguien; dejarlo marchar
let something ride, to	dejar algo pasar o correr
let the cat out of the bag, to	dejar escapar un secreto
let the chips fall where they may	que sea lo que sea; que pase lo que pase

L

let the dust settle	deja que pase la tormenta; deja que se aplaque todo; deja que vuelva la calma
let the genie out of the bottle, to	no haber forma de dar marcha atrás
let the good times roll	que empiece la fiesta
let the guard down, to	distraerse
let things slide, to	dejar pasar las cosas sin tomar medida alguna
Let's get it over with	Terminemos con el asunto. Dejémonos ya de hablar
Let's get real	Seamos realistas
Let's leave it at that	Dejémoslo así, dejémoslo como está
Let's roll!	¡Adelante!, ¡Vamos!
Let's see	Vamos a ver. Veamos
letter, to the	exacto, exactamente
letter-perfect	perfecto; correcto hasta el último detalle
level, to	ser franco o sincero
leverage	influencia, palanca. Ejemplo: "She got that job because she had some leverage". (Consiguió ese trabajo porque tenía algo de palanca.)
lez	lesbiana
lick one's wounds, to	recuperarse de una derrota o desengaño
lie ahead, to	tener/estar por delante
lie down, to	echarse; acostarse
lie through one's teeth, to	mentir descaradamente
life and limb	expresión que implica una amenaza contra la integridad física o la vida misma. Ejemplo: "Those soldiers risk life and limb on every patrol". (Esos soldados pueden quedar heridos o muertos en cada patrulla.)
life of Riley	vida fácil
lifeline	salvación. Ejemplo: "My brother is my lifeline". (Mi hermano es mi salvación.)
lifelong	de toda la vida. Ejemplo: "He's been a lifelong friend". (Él ha sido un amigo de toda mi vida.)

lifer	prisionero condenado a cadena perpetua
life-threatening	que puede ser mortal, que pone la vida en peligro
lifetime	(1) que dura toda la vida. Ejemplo: "This pacemaker will last a lifetime". (Ese marcapasos durará toda la vida.) (2) que ocurre una vez en la vida. Ejemplo: "An opportunity of a lifetime". (La oportunidad de tu vida.)
lift, to	robar
Lighten up!	¡Anímate!, ¡Alégrate!
lightning rod	(1) algo o alguien que atrae la atención y la desvía a otro lugar. (2) alguien que es blanco frecuente de críticas y acusaciones
like pulling teeth	muy trabajoso. Ejemplo: "For him to do his homework is like pulling teeth". (Hacer las tareas es para él algo muy trabajoso.)
limo	"limousine" (limosina)
line of business	profesión u oficio
line the pockets, to	hincharse los bolsillos
lingo	habla, lenguaje, dialecto
lion's share	la porción más grande
lip service	de los dientes para afuera
litmus test	cualquier prueba en que un solo factor determina el resultado o conclusión de algo
Little did I know	Lo menos que me imaginaba
little fish	persona(s) insignificante(s)
little guy	persona común y corriente
live and let live	vive y deja vivir
live high, to	darse la buena vida
live in a bubble, to	vivir apartado de otros; vivir sin participar
live it up, to	disfrutar de lo lindo
live under a rock, to	vivir en aislamiento y tener un conocimiento limitado del mundo
live up to, to	cumplir con lo prometido

L

living proof	prueba evidente
lo and behold	¿y quién lo iba a decir?
loaded	rico
loaded/trick question	pregunta capciosa
loan shark	prestamista desalmado
lobby, to	cabildear, ejercer influencia para lograr un fin
lock horns, to	enredarse en un conflicto
lock, stock, and barrel	todo, totalmente, completamente
lockdown	protocolo de emergencia para evitar el escape de gente o información
loner	solitario
long arm of the law, the	policía
long before	mucho antes
long green	dinero
long haul	tirada larga
long shot	difícil de obtener
long since	hace mucho
long way to go, a	que falta mucho (para llegar o hacer algo)
long-gone	algo que ha desaparecido, que ya no existe
long-standing	que viene de largo, que ya ha sido establecido, formulado, etc. Ejemplo: "A long-standing dispute". (Una disputa antigua pero todavía vigente.)
look at the bright side, to	ser optimista; ver el lado bueno de las cosas
Look at you!	¡Que bien te ves!, ¡Que bien luces!
look down, to	despreciar a alguien
look forward to, to	tener ganas de algo. Ejemplo: "I'm looking forward to meeting her". (Tengo ganas de conocerla.)
look into something, to	considerar, investigar, estudiar algo
look one's best, to	verse lo mejor posible
look pale around the gills, to	lucir enfermo

look the other way, to	ignorar, pasar por alto
looker	mujer u hombre atractivo
looks good/bad	pinta/luce bien/mal
loony	chiflado, desquiciado
loopy	excéntrico
loose canon	persona o cosa peligrosamente incontrolable
loose change	dinero suelto, menudo
loose ends	asuntos pendientes
Loosen up!	¡Afloja un poco!
looting	pillaje. Ejemplo: "There was a lot of looting right after the earthquake". (Hubo mucho pillaje tan pronto pasó el terremoto.)
lose face, to	desprestigiarse; sentir vergüenza por algo que se ha hecho
lose it, to	perder la paciencia o control; desesperarse; perder los estribos
lose one's train of thought, to	perder el hilo
lose one's way, to	perderse
lose sight of, to	(1) perder de vista. Ejemplo: "By sunrise they had lost sight of the island". (Al amanecer la isla ya no se veía.) (2) pasar por alto; olvidar
losing the battle but not the war	perder la batalla pero no la guerra
lot is riding on, a	mucho depende de
loud and clear	que se oye perfectamente
loudmouth	bocón
louse	canalla
louse up, to	estropear algo
love	fuerte preferencia por algo. Ejemplo: "I love pizza". (Me gusta mucho la pizza.) "I love to dance". (Me encanta bailar.)
love and kisses	besos y abrazos

L

love handles	abultamientos a ambos lados de la cintura
love somebody to death, to	querer a alguien entrañablemente
love me, love me not	me quieres o no me quieres (al sacar los pétalos de una flor)
lovebirds	pareja de enamorados
loved ones, the	los seres queridos
lover's lane	lugar apartado para hacer el amor
lovesick	muerto de amor, traspasado de amor
lovey-dovey	acaramelado, cariñoso. Ejemplo: "Today you're very lovey-dovey". (Hoy estás muy acaramelado conmigo.)
low blow	golpe bajo o acción injusta
lowball, to	subestimar un costo deliberadamente; estimar por lo bajo
low-keyed	comedido; prudente, apagado, que no llama la atención
lowlife	persona baja, inmoral
luck of the draw, the	cuestión de suerte
luck of the Irish	la suerte del irlandés
lucky seven	el siete de la suerte
lush	alcohólico; borrachín
luv	"love" (amor)

M

machete loans	préstamos bancarios forzados
made to order	hecho a la medida
mag	"magazine" (revista)
Main Street	en finanzas, el pueblo en general, en oposición a Wall Street y los que controlan la bolsa de valores
mainstream	dominante; común; familiar; la mayoría. Ejemplo: "The mainstream media". (Los medios de comunicación dominantes.)
major player	persona importante, influyente
make a bad situation worse, to	empeorar una mala situación
make a beeline for, to	dirigirse directamente a algún lugar
make a case for something, to	presentar/exponer argumentos
make a choice, to	seleccionar; optar por algo
make a dent in, to	progresar
make a difference, to	influir; importar; aportar. Ejemplo: "You can make a big difference in helping the poor". (Tu ayuda a los pobres puede importar mucho.)
make a fool of oneself, to	hacer el ridículo
make a hit, to	tener éxito
make a killing, to	tener una gran ganancia
make a living, to	ganarse la vida o el sustento
make a long story short, to	en pocas palabras
make a mountain out of a molehill, to	hacer una montaña de un granito de arena
make a pass at, to	coquetear con alguien
make a pitch for something, to	tratar de promover o vender algo

make a point, to	señalar o plantear algo
make a run for it, to	escaparse, salir huyendo
make a splash, to	causar un revuelo
make a statement, to	hacer una declaración
make a world of difference, to	que puede influir en algo. Ejemplo: "It could make a world of difference in the decision". (Podría influenciar en la decisión.)
make amends, to	corregir o enmendar algo
make an honest living, to	ganarse la vida honradamente
make away with something, to	llevarse algo
make believe, to	fingir; pretender; imaginar
make bones about something, to	crear dificultades
make ends meet, to	ganar lo suficiente para cubrir los gastos
make eyes at, to	coquetear
make fun of, to	burlarse de alguien
make good on something, to	cumplir una promesa
make head or tail, to	entender, comprender
make headway, to	progresar, adelantar
make it big, to	triunfar, tener éxito
Make it snappy	Apúrate. Date prisa
make light of, to	no tomar algo en serio
make matters worse, to	empeorar las cosas
Make no mistake about it	No te quepa la menor duda
make one's blood boil, to	hacer hervir la sangre
make one's day, to	dar gran alegría o placer a alguien
make one's stomach turn, to	revolver el estómago
make oneself at home, to	sentirse como en casa propia

make or break, to	ganar o perder, triunfar o fracasar
make out, to	tener relaciones amorosas. Ejemplo: "They made out on the living room sofa". (Se besaron y acariciaron en el sofá de la sala.)
make somebody's head spin, to	confundir a alguien
make somebody's life hell, to	hacerle la vida imposible a alguien
make something a big deal, to	hacer algo más grande o importante de lo necesario
make something up, to	inventar algo
make the best of something, to	adaptarse a una mala situación; arreglárselas con lo que se tiene
make the fur fly, to	causar una pelea o discusión acalorada
make the most of something, to	sacarle el mayor provecho a algo
make tracks, to	marcharse de un lugar
make up one's mind, to	decidirse
make water, to	orinar
make waves, to	causar problemas, hacer olas
make whoopee, to	tener relaciones sexuales
Make your mark	Deja tu huella
makeover	maquillaje. Ejemplo: "She had a complete makeover". (Se hizo un maquillaje completo.)
making clay	defecar
male chauvinist	machista
mami	muchacha bonita
mammary lane	escote
man of the cloth	sacerdote
Man, oh man!	¡Caramba!
Man up!	¡Sé hombre!, ¡Compórtate como un macho!
man-made	hecho por la mano del hombre

M

mantra	palabra o frase muy repetida
marvy	"marvelous" (maravilloso)
mass media	término general para medios de comunicación
mass transit	servicios de transporte público
massage the numbers, to	manipular los números
massive	enorme; gigantesco
maternity leave	baja por maternidad
matter of life and death, a	cuestión de vida o muerte
matter of record	hecho establecido
matter of speech	véase "figure of speech"
matter-of-fact	adherencia a los hechos tal como son; prosaico; desapasionado
mattress mambo (vulgar)	coito
max	"maximum" (máximo)
max out, to	sobrepasarse, rebasar el límite. Ejemplo: "She maxed out all her credit cards". (Pasó el límite de todas sus tarjetas de crédito.)
May the best one win	Que gane el/la mejor
may very well be	bien puede ser
Mayday!	¡Socorro!, ¡Auxilio!
mean business, to	(1) estar resuelto. (2) hablar en serio
mean well, to	tener buenas intenciones
means to an end, a	medio para lograr un fin u objetivo
mean-spirited	de malos sentimientos
meanwhile	mientras tanto
measly	cantidad muy pequeña
meat market	lugar, como un club nocturno, al que se va a encontrar compañero(a)
meat wagon	ambulancia
meathead/meatball	persona torpe o estúpida

media blitz	campaña publicitaria agresiva
media frenzy	frenesí noticioso
meet a deadline, to	cumplir con una fecha o plazo
meet somebody half way, to	llegar a un arreglo con alguien; hacer una concesión a alguien; transigir
meeting of minds	acuerdo, conformidad
mega	enorme, descomunal
megabucks	dineral
mellow	calmado, relajado
melting pot	crisol de razas, culturas y nacionalidades
ménage à trois	cohabitación de tres personas—generalmente marido, mujer y un(a) amante
mend one's way, to	enmendarse
mental giant	genio
merging	unión de tráfico en una carretera
merry-go-round	remolino de actividad compleja, rápida y difícil de abandonar
meth	"methamphetamine" (metanfetamina)
metro	"metropolitan" (metropolitano)
Mickey Mouse	algo de poca o ninguna importancia; algo que no debe tomarse seriamente
middle ground	posición intermediaria entre dos ideas o puntos de vista opuestos
middle of the night	a la medianoche
mike	"microphone" (micrófono)
milestone	hito; acontecimiento importante
milk a duck, to	hacer algo imposible
mimbo	hombre idiota, estúpido
mince words, to	hablar con sumo cuidado
Mind my words	Escúchame. Pon atención a lo que te digo
mind the store, to	cuidar de algo

M

Mind you	Déjame decirte
Mind your business	No te metas en lo que no te incumbe
mind-blowing	alucinante; inconcebible
mind-boggling	véase "mind-blowing"
mind-numbing	tedioso, aburrido, monótono
mind-set	forma de pensar; actitud o inclinación mental
mint	nuevo; sin tacha
minutia	minucia, insignificancia
Mirandize, to	informar a un detenido de sus derechos legales o "Miranda Warning"
mishmash	mezcolanza
miss the boat, to	dejar pasar una oportunidad
miss the point, to	no entender el verdadero sentido
missing in action	desaparecido. Ejemplo: "Have you seen Peter?"—"No, I haven't, he's missing in action". (¿Has visto a Pedro?—No, no lo he visto, ha desaparecido.)
missing link	eslabón perdido
mission accomplished	misión cumplida
misstep	paso en falso
mistaken identity	confusión de una persona por otra
mix and match	combinación de artículos para hacer juego. Ejemplo: "You can mix and match these blouses with these skirts". (Puedes combinar estas blusas con estas faldas.)
mix apples and oranges, to	mezclar cosas que no corresponden entre sí
mixed bag	mezcla de cosas diversas
mixed blessings	algo que tiene sus pros y contras
mo	"moment" (momento)
Montezuma's revenge	diarrea de origen bacteriano contraída en México por agua contaminada
mom-and-pop business	negocio pequeño independiente

momentum	ímpetu, impulso, empuje. Ejemplo: "That project is gathering momentum". (Ese proyecto está adquiriendo impulso.)
momma's boy	hijo consentido
Monday morning quarterback	consejo o crítica tardío; algo que ya no viene al caso
mondo	enorme, inmenso
money laundering	lavado de dinero
money pit	cualquier cosa o empresa que constantemente require dinero para su mantenimiento
money talks	el dinero lo puede todo
monkey business	monerías, travesuras
moody	(1) malhumorado; triste; taciturno. (2) caprichoso
moola/moolah	dinero
moon, to	bajarse los pantalones y mostrar las nalgas
more often than not	la mayoría de las veces
More power to you!	¡Bien hecho!
more than meets the eye	más allá de lo inmediatamente aparente
more than one can bargain for	más de lo que se esperaba
more the merrier, the	cuanto más mejor
morning after, the	la mañana que sigue a una relación sexual
mosey around, to	caminar con lentitud o sin propósito definido
most certainly	más que seguro
most often	más a menudo
most probable	más probable
motherfucker (ofensivo)	persona despreciable, irritable, estúpida u ofensiva
motivational speaker	orador que motiva o alienta
mouthpiece	portavoz
move heaven and earth, to	remover cielo y tierra
Move it!	¡Muévete!, ¡Dale!

M

Move your ass! (ofensivo)	¡Mueve el culo!, ¡Dale!
movers and shakers	gente que todo lo puede y todo lo hace
moving on up	algo que continúa, que sigue adelante
Mr. Mom	hombre que se queda en casa y hace la labor de madre y ama de casa
Mr. Right	hombre que haría un marido ideal
much ado about nothing	mucho ruido y pocas nueces
much needed	muy necesitado
muck up, to	meter la pata
muddle through, to	arreglárselas
mug	cara
mugging	asalto o atraco
mule	traficante de narcóticos de un país a otro
mull over, to	reflexionar, meditar
mum's the word	punto en boca
Murphy's law	ley de Murphy: "If anything can go wrong, it will". (Si algo malo puede pasar, pasará.)
muscle one's way into, to	entrar en algún lugar a la fuerza
mush	sensiblería; sentimentalismo exagerado
music to one's ears	algo que suena a música celestial
must-see	algo que hay que ver
mutt	(1) perro de raza indefinida. (2) persona estúpida o insignificante
My dog ate it	excusa que da un estudiante para no entregar su tarea, aduciendo que el perro se la comió
My foot!	¡Tu abuela!
My heart goes out for	Lo siento muchísimo. Lo siento en el alma
My way or no way	Como yo diga o nada

N

nail it, to	hacer algo con certeza o precisión
nail-biter	juego o película emocionante
naïveté	ingenuidad; candor
naked eye, to the	a simple vista
name of the game	parte principal de un asunto
name-calling	uso de palabras ofensivas
nanny state	país en que el gobierno está a cargo de todo
narco-	"narcotic" (narcótico)
nark	policía encargado de combatir los narcóticos
nationwide	en todo el país, a lo largo y ancho del país
nature stop	baño público en una carretera
naughty bits	genitales; tetas
naughty or nice?	pregunta navideña a niños, de la que dependen sus regalos. Ejemplo: "Have you been naughty or nice?" (¿Te has portado bien o mal?)
nay	no (en el voto por voz)
near miss	yerro por poco. Ejemplo: "They had a near miss with the other car". (Casi chocaron con el otro automóvil.)
near-term	en un futuro inmediato o próximo
neck of the woods	área, zona, parte o territorio de un país. Ejemplo "I come from that same neck of the woods". (Yo vengo de esa misma parte del país; yo también soy de allí.)
neck, to	besarse y acariciarse
need something like a hole in the head, to	adquirir algo que no se necesita
needless to say	de más está decir
neither here nor there	ni aquí ni allá
nelly, nellie (vulgar)	hombre homosexual y afeminado
nerve	(1) valentía, coraje. (2) desfachatez; descaro

nerve-racking	algo que crispa o destroza los nervios
nerve-tickling	algo que emociona
nest egg	ahorros
never mind	no importa
never-never land	lugar imaginario o fantástico
new hire, a	empleado/trabajador nuevo
new media	televisión por cable o satélite, internet
news-ticker	pequeño espacio en la pantalla de televisión que da alguna noticia importante o del momento
next of kin	pariente cercano
nibble around the edges, to	mordisquear
nice piece of change	buen dinero
nick, to	arrestar, detener a alguien
nickel-and-dime	de poca monta, que no asciende a nada
nifty	habilidoso, muy bueno
night owl	trasnochador
nightcap	licor que se toma antes de acostarse
nightwalker	prostituta
nine-eleven/9-11	todo lo concerniente al ataque terrorista perpetrado contra Estados Unidos el 11 de septiembre del 2001
nip	(1) pequeña porción. (2) pequeña cantidad de licor
nip and tuck	entre competidores, ventaja que es difícil de determinar por ser muy ceñida
nip in the bud, to	parar o terminar algo a tiempo. Ejemplo: "The police nipped the conspiracy in the bud". (La policía descubrió la conspiración a tiempo.)
nippy	frío. Ejemplo: "The night is a bit nippy". (La noche está un poco fría.)
nitery	club nocturno
nit-picking	crítica detallada y a menudo injustificada
nitty-gritty	el meollo de algo

nitwit	estúpido
nix, to	rechazar
no avail, to	en vano
no brainer	fácil de entender o de hacer
no cigar	que no hay motivo de celebración
no clue	ni idea
No dice!	¡Ni hablar!, ¡De ninguna manera!
no end in sight	algo que no tiene fin
no fault of their own	sin obrar culpa
no good	algo que no vale, que no es bueno
no holds barred	sin restricciones, ataduras o amarres
no ifs or buts	inexcusable
no less than	no menos de
no news is good news	que no haya nuevas es buena señal
no pain, no gain	sin esfuerzo no hay triunfo o éxito
no pain, no glory	véase "no pain, no gain"
no parking or standing	no estacionar ni quedarse parado con el motor encendido
no picnic	no es ninguna broma
no question about it	no cabe duda
no questions asked	no hay más que decir o añadir
No shit! (vulgar)	(1) ¡No me digas! (2) ¡Ya lo sé! ¡Es obvio!
no strings attached, with	sin compromiso, sin rabos
no such luck	ni mucho menos
no sweat	sin problema
no time to waste	no hay tiempo que perder
no two ways about it	no valen argumentos
no way around it	no hay vueltas que darle
No way	¡Qué va!
No way!	¡Ni hablar!, ¡Quítatelo de la cabeza!, ¡Olvídate!
No way, José	Ni hablar

N

no wonder	no en balde
no-hoper	persona destinada al fracaso
noid	"paranoid" (paranoico)
-nomics	"economics". Sufijo que se emplea para nombrar una política económica específica, o la relacionada con un funcionario gubernamental específico, como en "Reaganomics" (la política económica del presidente Ronald Reagan).
nonchalant	indiferente, despreocupado
None of your business	No te concierne o incumbe
none other than	no era ni más ni menos que
no-nonsense	práctico, directo, serio
Nope	No
no-risk	sin riesgo
northeaster	tormenta, mayormente de nieve, que se origina en el noreste
nose around, to	husmear; curiosear
nosh	comida, bocado
no-show	que no aparece o se presenta
not a big deal	nada del otro mundo
not a care in the world	nada de qué preocuparse.
not a chance	ni hablar
not a hope	sin esperanza alguna
not at all	en absoluto. Ejemplo: "I'm not worried at all". (No estoy preocupado en absoluto.)
not at any price	por nada del mundo
not bad	no está mal
not bad at all	no está mal del todo
not by a long shot/stretch	ni mucho menos
not far behind	algo que se puede presentar u ocurrir en cualquier momento
not for nothing	no en vano

not to give the time of day	ignorar completamente
not in a million years	nunca, jamás. Ejemplo: "I wouldn't do that in a million years". (No haría eso jamás.)
Not in your life!	¡De ninguna manera!, ¡Ni lo sueñes!
not just yet	todavía no
not long afterwards	poco después
not long ago/since	no hace mucho
not to be all there	faltarle a uno una tuerca/tornillo
not to be caught dead	de ninguna manera. Ejemplo: "I wouldn't be caught dead wearing that hat". (No me pondría ese sombrero ni muerto/por nada del mundo.)
not to be rocket science	algo que no es difícil de hacer o entender
not buy something	no creer o aceptar algo
not give a damn	no importar
not give a rat's ass	no importar un bledo o un carajo
not to have a care in the world	no preocuparse por nada
not to have a prayer	no tener la menor posibilidad de realizarse
not to hear the end of it	tener que soportar algo indefinidamente. Ejemplo: "If I tell him the truth, I'll never hear the end of it". (Si le digo la verdad, nunca me dejaría en paz.)
not to know where to turn	no saber qué hacer
not to know whom to turn to	no saber a quién recurrir
not to look back	olvidarse. Ejemplo: "I waved her good-bye and never looked back". (Me despedí de ella y la olvidé.)
not to make head or tail of something	no entender algo; quedarse en ascuas o en las nubes
not to mean something	hacer algo sin querer
not to mention	sin olvidarnos de que
not to pull any punches	hablar honestamente
not to stand somebody	no aguantar/soportar a alguien

N

not worth a damn	algo que no vale nada
not worth a hill of beans	no valer tres cominos
nothing but	nada más que. Ejemplo: "That car gives us nothing but trouble". (Ese automóvil no nos da nada más que problemas.)
nothing could be further from the truth	algo que es una gran mentira
nothing like	nada como. Ejemplo: "There's nothing like a good shower in the morning". (No hay nada como una buena ducha por las mañanas.)
nothing of the sort	nada de eso
nothing to it	que no es nada, que no vale preocuparse
nothing upstairs	sesohueco
nothing ventured, nothing gained	quien nada arriesga nada gana
notwithstanding	a pesar de; sin embargo; aunque; sin tomar en cuenta
now or never	ahora o nunca
Now you're talking!	¡Así se habla!
nowhere near	algo que está muy lejos
nowhere to be found	perdido; que no aparece
no-win situation	situación en la que es imposible ganar
nuke, to	calentar algo en el microondas
nukes	"nuclear weapons" (armas nucleares)
nunya	"none of your". Ejemplo: "Let me tell you that's nunya business". (Déjame decirte que eso en nada te incumbe.)
nut sack (vulgar)	escroto
nutrition facts	contenido nutricio
nuts (vulgar)	bolas (testículos)
nuts and bolts	(1) piezas o elementos funcionales de algo. (2) base práctica de algo
nutty stuff	tonterías
n-word	"n" equivalente a "nigger" (ofensivo) (negro)

O

odd ball	excéntrico, raro
odd job	trabajo pequeño
odd man out	persona que difiere de las demás en un grupo
odds and ends	chucherías; cosas sueltas
Of course not!	¡Claro que no!
of means	pudiente; con recursos o poder
off and on	de vez en cuando
off his rocker	desquiciado
off the record	extraoficialmente; confidencialmente
off the top of one's head	sin pensarlo
off to a good/bad start	que se empieza bien o mal
offbeat	atípico; extraño; desacostumbrado
off-color	algo que no es de buen gusto
offshore	(1) fuera del país, en el extranjero. (2) ubicado mar afuera, pero dentro de la jurisdicción del país
off-the-cuff	espontáneo; improvisado
oftentimes	a menudo
Oh boy!	¡Vaya!
Oh dear!	¡Ay!, ¡Qué cosa!
oink out, to	hartarse; comer más de la cuenta
OK, okay	(1) Bien. De acuerdo. (2) aprobación; autorización
okey-dokey	véase "OK"
old bat	vieja
old flame	antiguo(a) enamorado(a)
old fogy	(1) conservador; anticuado. (2) vejestorio
Old Glory	bandera de Estados Unidos
old goat	viejo cascarrabias

O

old hand	alguien con mucha habilidad y experiencia
old lady	vieja (esposa o madre)
old man	viejo (esposo o padre)
oldest trick in the book, the	truco muy viejo
oldie	canción popular antigua
old-timer	(1) anciano. (2) antiguo residente o empleado
on a budget	sin pasarse del presupuesto
on a personal level	en el orden personal
on account of	debido a
on an even keel	guardar/mantener la estabilidad de algo
on balance	en general
on both ends	de ambas partes, de ambos lados
on closer look	visto de más cerca
on credit	a crédito
on either side of the aisle	del lado republicano o demócrata en el congreso
on equal terms	en igualdad de condiciones
on fire	echando humo
on its face	por lo que se ve
on its merits	a base de sus méritos. Ejemplo: "They chose him manager on his merits". (Lo nombraron gerente por sus méritos.)
on one's own terms	de acuerdo con las condiciones de uno
on one's watch	durante mi turno de guardia. Ejemplo: "I will not let it happen on my watch". (No dejaré que eso pase mientras yo sea el responsable o eso esté a mi cargo.)
on purpose	a propósito
on record	oficial; que consta en documentos oficiales o legales
on second thought	pensándolo bien, pensándolo de nuevo
on tap	cerveza de barril
on the brink of	al borde de
on the double	a la carrera

on the face of it	a primera vista
on the fly	improvisado
on the go/run	a la carrera
on the gooch	algo que es verdadero, algo que es verdad
on the house	por cuenta de la casa
on the level	honesto, veraz, sincero
on the line	arriesgar. Ejemplo: "He put his future on the line when he backed that project". (Arriesgó todo su futuro al respaldar ese proyecto.)
on the make	(1) resuelto a triunfar o sacar partido. (2) coquetear
on the money	acertado; exacto
on the nose	exacto, exactamente
on the one side	por un lado
on the other side	por otro lado
on the part of	de parte de
on the rocks	(1) tambaleándose, a punto de fracasar. Ejemplo: "Their marriage is on the rocks". (Su matrimonio se está tambaleando.) (2) Bebida alcohólica sin mezclar, servida sólo con hielo
on the run	a la fuga
on the side	(1) algo adicional. Ejemplo: "And please bring me French fries on the side". (Y por favor, tráigame también un plato con papas fritas.) (2) algo aparte de la ocupación principal. Ejemplo: "He is in marketing, but he sells clothes on the side". (Trabaja en mercadotecnia, pero también vende ropa.)
on the spur of the moment	impulsivamente; súbitamente; sin pensarlo
on the throne	sentado en el inodoro
on the up-and-up	honesto, respetado
once in a blue moon	muy de vez en cuando
once upon a time	había una vez, érase una vez
once-in-a-lifetime opportunity	oportunidad única

one and all	todos
one and only	novio(a); esposo(a)
one and only, the	el incomparable
one day at a time	un día a la vez
one for the road	copa de despedida; trago del estribo
one hell of a time	magnífico o pésimo momento, dependiendo del contexto
101	curso básico que se da en escuelas y universidades. Ejemplo: "Spanish 101", "Algebra 101"
one of a kind	único; exclusivo; sin igual
one step at a time	un paso a la vez
one too many	(1) un trago de más. (2) exceso de gente o cosas
one way or another	de una forma u otra
one-night stand	coito casual, pasajero
one-on-one	frente a frente
one-sided	parcial
one-size-fits-all	(1) tamaño único, adecuado para todos. (2) que gusta o agrada a todos por igual
one-stop shop	lugar donde se vende de todo
one-two punch	secuencia de dos acciones relacionadas
ongoing	en proceso; en progreso; en movimiento
on-site	sitio donde tiene lugar alguna actividad. Ejemplo: "The meeting will be on-site". (La reunión será en este sitio.)
open a can of worms, to	levantar una tormenta. Ejemplo: "By saying that she opened a can of worms". (Al decir eso levantó una tormenta.)
open fire, to	disparar
open for business	abierto (refiriéndose a tienda o comercio)
open house	casa puesta en venta que puede inspeccionarse
open old wounds, to	abrir viejas heridas
open question	pregunta con varias respuestas posibles, pregunta en el aire

open-ended	ilimitado; no restringido
openhearted	franco, cándido, generoso
open-minded	sin ideas u opiniones preconcebidas
opt out, to	decidir no participar en algo
or else	debiendo atenerse a las consecuencias
or what have you	o lo que sea
orgasmic	orgásmico
otherwise	de lo contraro
Ouch!	¡Ay!
Our thoughts and prayers go out to you	Te tenemos presente y rezamos por ti
out cold	inconsciente. Ejemplo: "He knocked him out cold". (Lo derribó inconsciente al suelo.)
out in force	con toda la fuerza disponible
out of character	atípico
out of control	incontrolado, desenfrenado
out of line	fuera de lugar
out of nowhere	salido de la nada
out of reach	fuera de alcance
out of the air	salido del aire
out of the blue	caído del cielo
out of the ordinary	fuera de lo común
out of the question	imposible
out of whack	descompuesto o que no funciona bien
outburst	arrebato
outnumber, to	superar en número
out-of-pocket	dinero que uno paga por su cuenta. Ejemplo: "The operation cost $10,000, but my out-of-pocket expenses were just $800". (La operación costó $10,000, pero yo debí pagar solamente $800.)
out-of-sight	maravilloso

O

outpouring	efusión. Ejemplo: "When she got married there was an outpouring of joy from everybody". (Cuando se casó todos saltaron de alegría.)
outright	categórico, terminante
outsource, to	transferir la manufactura o las actividades operacionales al extranjero para reducir gastos
outta	"out of" (fuera de)
outta sight	véase "out-of-sight"
over and above	además, además de
over and done	acabado
over and over	una y otra vez
over and over again	indefinidamente
Over my dead body	Ni muerto
over the hump	lo peor ya pasó
over the short/long haul	a corto/largo plazo
over time	con el tiempo
overexpose, to	destacar demasiado
overnight	durante la noche; de madrugada; repentinamente. Ejemplo: "He became famous overnight". (Se hizo famoso repentinamente.)
overreach, to	extralimitarse; pasarse; excederse
overt racism	racismo manifiesto, patente
over-the-counter	vendido sin receta médica
over-the-hill	de edad avanzada
over-the-top	extravagante; fantástico. Ejemplo: "I've never seen such an over-the-top ad". (Nunca vi un anunció tan exagerado.)
overtime	(1) tiempo suplementario. (2) horas extra de trabajo
overworked	sobrecargado de trabajo

P

pack heat, to	llevar pistola
pack it in, to	dejar, marcharse, salir
package store	tienda que vende bebidas alcohólicas
pad	lugar donde se vive
paddle one's own canoe, to	arreglárselas uno mismo
paid for	pagado; abonado
painfully aware	que cuesta trabajo o duele reconocer. Ejemplo: "I am painfully aware of the situation". (Me duele reconocer la situación.)
paint the town red, to	parrandear
paint with the same brush, to	generalizar
palm-presser	político (que no hace más que dar la mano)
pandemic	pandemia (enfermedad prevaleciente en una región extensa, país, o en todo el mundo)
pander to, to	gratificar los deseos de los demás. Ejemplo: "That politician panders to the crowd's emotions". (Ese politico satisface las emociones de la multitud.)
Pandora's Box	caja de Pandora
pant rabbits	piojos
paper	dinero
paper-pusher	burócrata
pardon my French	disculpa por haber usado palabras ofensivas
park and ride	lugar asignado en las afueras de zonas metropolitanas para estacionar el automóvil y dirigirse a la ciudad en autobús o tren
parsing words	deshuesar palabras, jugar con el significado de las palabras
part company, to	dejar a alguien

parting of the ways	(1) punto de separación o divergencia. (2) lugar o momento en que debe tomarse una decisión
party animal	fiestero, parrandero
pass a bad check, to	dar un cheque falso o sin fondos
pass down, to	transmitir
pass judgment, to	juzgar a alguien o algo
pass muster, to	pasar una prueba
pass on, to	morir
pass out, to	desmayarse, perder el conocimiento
pass the buck to, to	pasarle la culpa o responsabilidad a otro(s)
pass the hat, to	pasar el sombrero para recoger dinero
pass water, to	orinar
pass wind, to	tirarse un pedo
passé	anticuado; pasado de moda
passing	muerte
past the breaking point	más allá del desastre
patsy	chivo expiatorio
paw	mano
pay as you go, to	pagar los gastos a medida que vayan surgiendo
pay back, to	(1) devolver; reintegrar; reembolsar. (2) pagar con la misma moneda; cobrárselas o vengarse
pay lip service, to	hablar de los dientes hacia afuera
pay off, to	valer la pena. Ejemplo: "I had to study a lot for the exam, but it paid off". (Tuve que estudiar mucho para el examen, pero valió la pena.)
pay the piper, to	pagar por lo bailado. Ejemplo: "Enjoy yourself now, but remember that you'll have to pay the piper". (Goza ahora, pero recuerda que deberás pagar por lo bailado.)
pay through the nose, to	pagar un ojo de la cara
paycheck to paycheck	que sólo vive del sueldo. Ejemplo: "Living paycheck to paycheck, how can you buy that diamond?" (Viviendo de un sueldo, ¿cómo vas a poder pagar por ese diamante?)

payola	soborno; mordida
peace of mind	tranquilidad mental
peachy	espléndido, encantador
peak hour	hora de mayor consumo o demanda
peanuts	poco dinero
pee, to	orinar
peek in, to	asomarse; mirar furtivamente
peepers	ojos
Peeping Tom	mirón, voyeur, persona lascivamente curiosa
peer pressure	presión que ejercen los compañeros o coetáneos
peg out, to	morir
pennies from heaven	como llovido del cielo
penny for your thoughts, a	dime lo que estás pensando
penny-pincher	tacaño, cicatero
pep talk	exhortación breve y dinámica para levantar la moral o infundir ánimo
per se	en sí
perfect storm, a	circunstancias que se juntan hasta provocar un desastre
Period!	¡Punto final!, ¡Ni una palabra más!, ¡No hay más que hablar! Ejemplo: "You take out the garbage and period!" (¡Sacas la basura y ni una palabra más!)
perks	beneficios recibidos además del sueldo
pet-friendly	(1) favorable para los animales. Ejemplo: "This is a pet-friendly hotel". (Este es un hotel que permite animales.) (2) predispuesto hacia los animales. Ejemplo: "John is very pet-friendly". (A John le gustan los animales.)
petty thief	ratero, ladronzuelo
phat	muy atractivo, grato o satisfactorio. Ejemplo: "That's a phat car!" (¡Ese carro es el delirio!)
phony-baloney	hipócrita; falso; ficticio
photo op	"photo opportunity" (situación manipulada para favorecer al individuo fotografiado)

P

pick a fight, to	pelear
pick and choose, to	escoger algo cuidadosamente
pick at, to	(1) criticar repetidamente, especialmente por faltas menores. (2) picotear la comida
pick of the crop	lo mejor de algo
pick of the litter	el predilecto, el favorito
pick the brains, to	consultar o preguntar acerca de algo
Pick up after your dog	ley que exige al amo de un perro recoger sus excrementos en la calle
pick up speed, to	acelerar
pick up the pace, to	apurarse
pick up the tab, to	pagar la cuenta, generalmente en un restaurante
pickings	(1) residuos; sobras de comida. (2) ganancias; botín
pick-me-up	algo que se toma para recobrar energías
Picture this	Imagínate esto
picture-perfect	perfecto, sin tacha
pie in the sky	castillos en el aire
piece	pistola
piece of advice	consejo
piece of work	(1) dependiendo del contexto, algo o alguien admirable, extraordinario o hermoso. Ejemplo: "Isn't she a piece of work?" (Qué mujer tan hermosa, ¿no te parece?). (2) dependiendo del contexto, algo o alguien desagradable. Ejemplo: "Isn't she a piece of work? (Qué mujer tan antipática, ¿no te parece?)
piece something back together, to	reconstruir; juntar algo
piecemeal	poco a poco
pig	(1) persona sucia, glotona o repulsiva. (2) policía (ofensivo)
pig heaven (ofensivo)	cuartel de policía
pigeon	crédulo
piggy bank	alcancía

pigmobile (ofensivo)	carro patrullero
pillow talk	conversación íntima
pin a bad rap on somebody, to	echarle la culpa a alguien
ping-ponging	de acá para allá, yendo y viniendo. Ejemplo: "I've spent all week ping-ponging from New York to Miami". (Me he pasado toda la semana yendo y viniendo de Nueva York a Miami.)
pinhead	(1) pizca; cosa muy pequeña. (2) tonto; bobo
pink slip	nota de despido de un empleo
Pipe down!	¡Cállate!
pipe up, to	hablar más alto
pipes	la voz
piss in the wind, to	(1) trabajar por gusto o en balde. (2) sentirse incapaz de hacer algo
Piss off! (vulgar)	¡Vete a la mierda!
pissed (vulgar)	malhumorado, contrariado
pit stop	parada breve para descansar o comer algo, especialmente cuando se viaja en automóvil
pitch in, to	contribuir dinero; ayudar; participar en algo
pitchman	demostrador de un producto
pitch-dark/pitch-black	muy oscuro
pits, the	lugar o situación terrible. Ejemplo: "This neighborhood is the pits". (Este vecindario es lo peor que he visto.)
pix	"picture" (foto)
plain and simple	clara y llanamente
plain Jane	mujer sencilla y ordinaria
plain language	lenguaje sencillo y claro
plastered	borracho
plastic	tarjeta de crédito
play along, to	cooperar
play ball, to	cooperar

play by ear, to	hacer algo sin planificación ni instrucciones previas
play by the rules, to	hacer lo debido
play catch-up, to	tratar de igualar o superar a un oponente
play dead, to	hacerse el muerto
play dumb, to	hacerse el tonto
play fair, to	jugar limpio
play for keeps, to	hacer algo seriamente
play games, to	tratar de esconder la verdad, generalmente mediante engaño
play God, to	pretender saberlo todo y comportarse sin restricciones
play hard to get, to	hacerse el difícil
play hardball, to	tomar una actitud agresiva y tajante
play hooky, to	faltar al colegio o trabajo
play into the hands of, to	facilitar algo a alguien; hacer el juego a alguien
play it cool, to	tomar las cosas con calma
play it safe, to	actuar con prudencia; ir a la segura
play musical chairs, to	jugar a las sillas vacías
play one's cards, to	actuar con lo que se tiene en la mano
play out, to	acabar, terminar. Ejemplo: "Let's see how it plays out". (Vamos a ver cómo acaba eso.)
play phone-tag, to	llamarse repetidamente por teléfono sin llegar a comunicarse
play politics, to	hacer politiquería
play rough, to	ponerse duro; actuar con violencia
play something down, to	darle menos importancia a algo
play the blame game, to	pasarse la culpa unos a otros
play the cards face up, to	ser sincero
play the race card, to	sacar a relucir el racismo, principalmente entre blancos y negros
play with a full deck, to	ser sensato o razonable
player	persona que tiene relaciones sexuales con mucha gente

plow through, to	abrirse camino o trabajar laboriosamente
plug away, to	continuar tratando de hacer algo o de trabajar en algo
plum job	trabajo fácil con buen sueldo
pocker face	impasible
pocket money	dinero para gastos personales
point is that, the	el hecho es que
point of no return	momento crítico después del cual es imposible volver o echarse atrás. Ejemplo: "They have reached the point of no return". (Ya no se pueden echar atrás.)
point of view	punto de vista
point taken	de acuerdo
point-blank	a bocajarro, a quemarropa
poke fun at, to	burlarse de alguien o algo
poke one's nose in, to	meter las narices en algo
pokey	cárcel, prisión
polarizing figure	persona antagónica
political capital	ventaja de un político por sus conocimientos, experiencia o relaciones
political junkie	fanático de la política
political race	contienda política
politically correct	hablar cuidando de no ofender en cuanto a raza, sexo, trabajo, condición física, etc. Ejemplo: Uso de "sanitation worker" (operario sanitario) en vez de "garbageman" (basurero), o "physically challenged" (descapacitado) en vez de "cripple" (lisiado).
pomp and circumstance	magnificencia ceremonial
pony up, to	pagar lo que se debe
Ponzi scheme	artimaña para estafar a los inversionistas
pooch	perro
Pooh!	¡Puf!
pop	"popular" (popular)
Pop	padre

pop one's buttons, to	enorgullecerse por algo
pop somebody, to	matar a tiros
pop the cherry, to (vulgar)	hacer perder la virginidad
pop the question, to	proponer matrimonio
poppycock	tonterías, babosadas
pork barrel	financiamiento gubernamental que favorece a un distrito político en particular
Post no bills	No se permiten anuncios
posted	anunciado
poster boy	niño, niña, o cosa que simboliza una causa
post-traumatic stress disorder	trauma que se experimenta como consecuencia de un evento estresante (combate, desastre natural, etc.)
posturing	hacer poses, pavonearse
pot	marihuana
potential	potencial; que tiene posibilidades. Ejemplo: "That kid has great potential as a tennis player". (Ese muchacho tiene grandes posibilidades como jugador de tenis.)
potshot	crítica imprevista que se le hace a alguien
potty	inodoro, retrete
pound the pavement, to	buscar trabajo o empleo (zapateando por las calles)
power broker	persona influyente y poderosa
power play	maniobra estratégica
prank	travesura, broma
preaching to the choir	gastar saliva tratando de convencer a los que ya están convencidos, como a los feligreses en una iglesia
preempt, to	adelantarse, como en el caso de atacar en una guerra antes de que lo haga el contrario
preemptive	acto preventivo. Ejemplo: "They made a preemptive attack". (Hicieron un ataque preventivo.)
prep, to	"to prepare" (preparar, arreglar)
press charges, to	levantar cargos, formular una demanda judicial

press one's luck, to	desafiar a la suerte
press the panic button, to	responder precipitadamente a una emergencia
press the reset button, to	volver a lo anterior
pretty penny, a	mucho dinero
price gouging	cobrar en exceso
prick	(1) hombre detestable y vulgar (2) pene (vulgar)
prick up one's ears, to	escuchar con atención
primo	primera clase; de la mejor calidad; excelente
prissy	remilgado, mojigato
private parts	genitales, partes íntimas
pro	"professional" (profesional)
pro bono	servicio que se presta sin compensación, como el de un abogado
proactive measure	medida preventiva
product recall	retirar un producto defectuoso del mercado
profiling	suponer la criminalidad de alguien por su aspecto físico, forma de hablar o conducirse. Ejemplo: "The police stop for inspection most cars driven by Black teenagers". (La policía detiene e inspecciona la mayoría de los carros conducidos por adolescentes negros.)
pro-life	pro-vida
proof of the pudding is in the eating, the	el valor de algo sólo se sabrá poniéndolo a prueba
prop	utilería o accesorio, como el de un teatro
pros and cons	ventajas y desventajas
protective sex	uso de preservativo durante el coito
proven right	comprobado ser cierto
publicity stunt	artimaña publicitaria
puff away, to	fumar sin parar
pug-ugly	muy feo(a)
pull a fast one, to	hacerle una mala pasada a alguien
pull a muscle, to	lastimarse un músculo

P

pull a rabbit out of the hat, to	dar una solución rápida a un problema
pull all the stops, to	tratarlo, intentarlo todo
pull one's leg, to	burlarse o mofarse de alguien
pull one's punches, to	obrar con moderación
pull oneself up, to	salir adelante
pull strings, to	ejercer control o influencia. Ejemplo: "He got us the tickets by pulling some strings". (Usó su influencia para conseguirnos las entradas.)
pull the plug, to	retirar un respaldo crucial, especialmente financiero
pull the rug from under, to	retirar asistencia o respaldo a alguien para debilitar o destruir su situación
pump iron, to	levantar pesas
pumped up	lleno de energía, de ánimo
pun	juego de palabras. Ejemplo: "No pun intended". (No estoy jugando con palabras, o dándole vueltas a las palabras.)
punch line	culminación de un chiste
pundit	experto
punk	(1) novicio. (2) matón, rufián. (3) hombre homosexual
puppy love	amor de adolescente
purple state	estado cuya votación en las elecciones presidenciales puede oscilar a favor o en contra de un candidato; se le llama "purple" (morado) por formarse este color mezclando el rojo (republicano) y el azul (demócrata)
push around, to	abusar
push it through, to	hacer aprobar algo
push one's luck, to	desafiar a la suerte
push somebody over the edge, to	desesperar a alguien
push somebody's buttons, to	hacer reaccionar a alguien con emoción
push the boundary, to	pasarse de línea

push the envelope, to	excederse, pasarse de lo normal, extralimitarse
pushing 70	frisando los 70 años de edad (puede aplicarse a cualquier edad)
puss	gato; la boca; la cara; niña o mujer
pussy	(1) hombre acusado de comportarse como una mujercita. (2) vulva (vulgar)
put a contract on somebody, to	mandar a matar a alguien
put a cork on it, to	parar de hablar, callarse
put a damper on somebody, to	desalentar o desanimar a alguien
put a face to, to	hacer algo más real. Ejemplo: "With that picture of a bloodied girl they put a face to the war". (Al mostrar la foto de esa niña cubierta de sangre hicieron más real la guerra.)
put a tail to somebody, to	seguirle la pista a alguien
put down, to	suprimir; reprimir; sofocar; humillar
put in a good word for somebody, to	recomendar a alguien
put in one's two cents, to	dar una opinión
put it out of one's mind, to	olvidar deliberadamente
Put it where the sun doesn't shine	Métetelo por donde te quepa
put on a happy face, to	alegrarse, ponerse contento
put on the dancing shoes, to	sentir deseos de bailar
put on the map, to	darle distinción a algo
put on the Ritz, to	hacer algo a lo grande
put on the table, to	poner algo sobre el tapete
put one's best foot forward, to	esmerarse
put one's finger on something, to	determinar algo. Ejemplo: "I can't put my finger on it". (No sabría decir concretamente qué es o de qué se trata.)

P

put one's foot down, to	imponerse
put one's foot in one's mouth, to	decir irreflexivamente algo sumamente indiscreto o imprudente
put one's head in the sand, to	hacerse de la vista gorda
put one's mind to rest, to	tranquilizarse
put one's own house in order, to	organizarse
put oneself in somebody's else place, to	ponerse en el lugar de otro
put somebody on hold, to	dejar a alguien esperando en el teléfono
put somebody on the couch, to	sicoanalizar
put somebody to shame, to	hacer que alguien se sienta culpable de algo
put somebody's feet to the fire, to	poner a alguien a prueba
put someone down as, to	clasificar, considerer a alguien como
put something behind oneself, to	dejar algo atrás
put something down to, to	atribuir, achacar algo
put something off, to	aplazar o posponer algo
put something on paper, to	escribir
put something on the back burner, to	dejar algo para más tarde; aplazar o postergar algo
put strain on somebody, to	ejercer presión sobre alguien
put the bite on, to	pedir dinero o favores

put the cart before the horse, to	comenzar una casa por el tejado (alterar el orden natural de las cosas)
put the moves on, to	coquetear, seducir
put the thumb in somebody's eye, to	desquitarse
put through the wringer, to	pasarlas negras
put two and two together, to	atar cabos. Ejemplo: "She told me that he wasn't there, but I saw his car outside and put two and two together". (Me dijo que él no estaba allí, pero vi su automóvil afuera y deduje lo que estaba pasando.)
put up a show, to	lucirse, llamar la atención
put up a struggle, to	defenderse; resistir
Put up or shut up!	¡Hazlo o cállate!
Put your money where your mouth is	Haz tal cual dices

P

Q

Q & A	"Questions and Answers" (preguntas y respuestas)
quack	matasanos (médico); charlatán
quality time	tiempo que cada cual tiene para disfrutar de la vida, principalmente en el orden familiar, como el que se le dedica a los hijos, al descanso o la diversión
quarterback, to	dirigir
queer (ofensivo)	maricón, marica, puto
quick aside	algo dicho de paso
quick thought, a	pequeña idea, idea que ocurre súbitamente
quickie	coito realizado apresuradamente
quid pro quo	dar algo para recibir algo
quiet as a mouse	estar tranquilo y silencioso. Ejemplo: "She's been as quiet as a mouse the whole day". (Ella no ha dicho ni pío en todo el día.)
Quit it!	¡Para ya!
Quit while you're ahead	Detente ahora que vas ganando
quite a fellow	tremendo tipo
quite often	bastante a menudo
quite sure	más que seguro. Ejemplo: "I'm quite sure he'll come". (Estoy más que seguro de que él vendrá.)
quitter	persona que no persevera

R

racial slur	palabra racial ofensiva. Ejemplo: "nigger" para "negro" o "spic" para "hispano"
rack	cama
rack one's brains, to	devanarse los sesos; pensar mucho
racket	(1) alboroto; bullicio. (2) fraude organizado
radioactive	algo muy controversial o delicado
rag	periódico
rag, to	molestar o irritar
rain cats and dogs, to	llover a cántaros
rain check	vale para comprar, al mismo precio pero en otra ocasión, un producto que se ha agotado
rain forest	selva, jungla
rain on somebody's parade, to	aguarle la fiesta a alguien
rained out	cancelado por lluvia
raise a red flag, to	llamar la atención; causar alarma. Ejemplo: "The inconsistencies in the business contract raised red flags". (Las inconsistencias en el contrato comercial fueron motivo de preocupación.)
raise one's eyebrows, to	arquear las cejas; causar asombro o desaprobación
raise one's hopes, to	hacerse ilusiones
raise the ante, to	subir la apuesta inicial
raise the bar, to	establecer un estándar superior; superar, exceder
raisin ranch	asilo de ancianos
raisins	vejestorios
rake in the money, to	ganar/hacer mucho dinero
rally round, to	abrazar una causa

R

ram through, to	atravesar violentamente; forzar. Ejemplo: "He rammed that bill through". (Les metió ese proyecto de ley a patadas.)
rank and file	miembros de una empresa u organización, y en especial de un sindicato o de un partido político
rant and rave, to	echar un fuerte sermón o perorata
rap session	charla, conversación informal
rap sheet	antecedentes penales
rap, to	hablar, cotorrear
rat race	competencia continua; ajetreo diario
rathole	lugar destartalado, inmundo
rattle, to	(1) consternar; desconcertar; inquietar; alarmar. (2) charlatanear, hablar por los codos
rattle someone, to	alterar, incomodar a alguien
raw deal	mal negocio o trato. Ejemplo: "She got a raw deal in that business". (Ella salió mal en ese negocio.)
raw power	fuerza bruta
razor-sharp	listo como un lince
razzmatazz	alboroto; confusión
reach a conclusion, to	llegar a una conclusión
reach across the aisle, to	tratar de pasar un proyecto de ley en el congreso contando con el apoyo del partido opuesto
reach an impasse, to	estar en punto muerto
reach out for the stars, to	soñar con lograr algo que parece ser inalcanzable
Read my lips!	¡Escúchame bien!, ¡Pon atención! (Así dijo el presidente George Bush al prometer no aumentar los impuestos y después se retrajo)
ready and able	dispuesto a todo
ready to rumble	listo para hacer ruido, listo para la pelea
real McCoy, the	lo verdadero, lo auténtico
real quick	rapidito
real time	tiempo real; respuesta virtualmente inmediata a información que va llegando

reality check	comprobación de los hechos o de la realidad. Ejemplo: "Time for a reality check: wasn't this supposed to be a money-making business?" (Hora de comprobar los hechos: ¿no se suponía que este era un negocio que daría mucho dinero?)
reality show	programa de televisión basado en hechos de la vida real y en el que aparecen personas comunes y corrientes
rear end	fondillo, trasero
rear-end, to	estrellarse en la parte trasera de un vehículo
rebate	reembolso parcial de lo pagado por un producto
recall, to	retirar un producto defectuoso del mercado
reckon with something/ somebody, to	tener que vérselas con algo o alguien
red herring	pista falsa; algo que desvía la atención del tema central
red in the face	avergonzado
red scare	miedo al comunismo
red tape	papeleo, trámites burocráticos
red-hot	(1) caracterizado por gran emoción, violencia o entusiasmo. Ejemplo: "A red-hot campaign". (Una campaña muy emocionante.) (2) nuevo. (3) muy popular
red-hot momma	mujer atractiva, sensual, pollazo
redneck (ofensivo)	sureño reaccionario de clase baja
reefer	cigarrillo de marihuana
regardless	a pesar de
regs	"regulations" (regulaciones)
rehab	"rehabilitation" (rehabilitación)
relate to, to	relacionarse con; pertenecer a; identificarse con, referirse a. Ejemplo: "I can relate to her suffering". (Me puedo identificar con su sufrimiento.)
remains	(1) restos mortales. (2) resto, residuo, sobra
rents	padres
rep	"representative" (representante)
repeat offender	delincuente reincidente

R

repo	"repossession" (reposesión de un vehículo por falta de pago)
rest his/her soul	descanse en paz
rest on one's laurels, to	dormirse en los laureles
rest one's case, to	remitirse a las pruebas o hechos
resumé	curriculum vitae
reversal of fortune	cambio de suerte
reverse the trend, to	cambiar la tendencia
ride high, to	estar en la cumbre, sentirse dueño del mundo
ride shotgun, to	viajar en el asiento delantero de un vehículo, al lado del conductor
ridic	"ridiculous" (ridículo)
right a wrong, to	corregir un error
right away	enseguida
right off the bat	de buenas a primeras
right off the boat	inmigrante recién llegado
right on target/on the money	muy acertado
right on the button	exactamente correcto, que da en el clavo
right then	en ese preciso momento
right time	tiempo propicio
rightly or wrongly	justa o injustamente
rightly so	con toda la razón
right-to-choose	derecho a escoger (movimiento a favor del aborto)
right-to-life	derecho a la vida (movimiento en contra del aborto)
ring a bell, to	recordar indistintamente
ring hollow, to	sonar forzado. Ejemplo: "All that laughter rang hollow". (Tanto reír sonaba forzado.)
ring off the hook, to	recibir llamadas telefónicas continuas
rinky-dink	inferior
rip through, to	arremeter contra

rip to shreds, to	deshacer en pedazos
rip-off	robo; estafa
rise to the occasion, to	estar o ponerse a la altura de las circunstancias
rise/stand above the crowd, to	destacarse, sobresalir
risk well taken	riesgo justificable
risk-taker	persona arriesgada
risqué	subido de tono, atrevido
roach coach	minibús que viaja ida y vuelta de Nueva Jersey a Nueva York
road hog	chofer que se toma toda la carretera
road map	directriz, pauta, guía de algo
road rage	reacción violenta que muestran algunos conductores en la carretera
Roaring Twenties	década después de la primera guerra mundial (1920–1929)
rob Peter to pay Paul, to	desvestir a un santo para vestir a otro
rob the cradle, to	tener amores o casarse con una persona mucho más joven que uno
rock	brillante, diamante, como el de un anillo o sortija
rock, to	ser un fenómeno o maravilla
rock the boat, to	hacer olas, instigar problemas
role model	modelo de conducta
roll call	pasada de lista
roll out the big guns, to	sacar a relucir los recursos más poderosos para lograr un fin
roll out the red carpet, to	recibir con bombos y platillos
roll over, to	aceptar algo sumisamente
roll the dice, to	hacer algo arriesgado; probar la suerte; hacer algo al azar
roll up one's sleeves, to	subirse las mangas (para trabajar duro)
roller-coaster ride	situaciones o sucesos prósperos y adversos que se alternan entre sí. Ejemplo: "He had a roller-coaster ride in that company". (Tuvo grandes altibajos en esa compañía.)

R

rookie	persona sin experiencia; novato, especialmente policía
rotten apple	persona o cosa mala
rough and tumble	desordenado; violento; juegos bruscos
roughly	aproximadamente
round	tiro. Ejemplo: "At that moment I heard four rounds". (En ese momento oí cuatro tiros.)
rub elbows, to	juntarse o andar con gente importante
rub it in, to	refregar. Ejemplo: "You don't have to rub it in". (No tienes que refregármelo.)
rub salt in a wound, to	empeorar deliberadamente la desgracia, la vergüenza o el infortunio sufrido por una persona; empeorar algo
rub somebody's back, to	hacer un favor, complacer
rub the wrong way, to	caerle mal a alguien
rubber	condón, preservativo
rubbernecking	mirar o escuchar con excesiva curiosidad. Ejemplo: "Traffic was slow because there were too many people rubbernecking the accident". (El tráfico estaba lento porque mucha gente estaba curioseando el accidente.)
rubber-stamp, to	dar el visto bueno de modo rutinario o bajo órdenes
rubbish	tonterías, estupideces; basura
ruffle somebody's feathers, to	molestar o irritar a alguien
rug	tupé
rug rat	niño pequeño
rule of thumb	regla general. Ejemplo: "The rule of thumb is to abide by the contract". (La regla general es la de regirse por el contrato.)
rule out, to	descartar
run a tab, to	cargar a cuenta
run aground, to	encallar en algo
run amock, to	comportarse como un enajenado
run deep, to	correr profundo, hondo. Ejemplo: "My family's roots in Maryland run deep". (Las raíces de mi familia en Maryland son profundas.)

run errands, to	hacer diligencias, hacer mandados
run for cover, to	huir ante una desgracia o catástrofe
run for office, to	postularse para un cargo público
run for the hills, to	escaparse, salir huyendo
Run for your life!	¡Huye!, ¡Escapa!, ¡Sálvate!
run into a wall, to	paralizarse, atascarse
Run it by me again	Vuélvemelo a decir. Repítelo
run of the mill	ordinario, corriente
run out of gas/steam, to	perder interés o energías
run something into the ground, to	(1) echar a perder algo. (2) usar algo hasta destruirlo
run the gamut, to	cubrir toda la gama de algo
run the numbers, to	hacer números, sacar cuentas
run the show, to	llevar la voz cantante
run through the wringer, to	pasarlas negras
run through, to	apurar algo o darle pronta salida; examinar a la ligera
run up, to	acumular rápidamente
run with a story, to	continuar con una noticia, darle seguimiento, expandirla
run/take its course, to	seguir su curso
runaway	(1) fugitivo. Ejemplo: "He was a runaway from justice". (Era un fugitivo de la justicia.) (2) sujeto a cambios incontrolables. Ejemplo: "We had a runaway inflation". (Teníamos una inflación descontrolada.)
runoff election	votación de desempate
runs, the	diarrea
rush to judgment, to	juzgar prematuramente

R

S

sacked	despedido del trabajo o empleo
safe and sound	sano y salvo
safety net	protección
same as, the	lo mismo que
Same here	Me siento o pienso igual
same old, same old	lo mismo de siempre
Same to you	Igualmente
sanctuary city	ciudad santuario; ciudad que acoge a emigrantes ilegales o indocumentados
sandbag, to	(1) obligar. (2) engañar. Ejemplo: "He was sandbagging me". (No estaba jugando limpio conmigo.)
save for a rainy day, to	ahorrar para cuando lleguen las vacas flacas
save one's breath, to	callarse, guardar sus opiniones
save one's neck/skin, to	salvar el pellejo
savor the moment, to	disfrutar del momento
sawbones	cirujano
Say cheese!	¡Sonríe! (al tomarse una foto)
Say hello to the family	Salúdame a la familia
Say no more	No digas más. Ni una palabra más.
say the least, to	para decir lo menos; por no decir cosa peor. Ejemplo: "He was a shady businessman, to say the least". (Era un comerciante sospechoso, por no decir algo peor.)
Say the word	Di sí o no
Say what?	¿Qué dices?
scale back, to	reducir
scam	estafa, fraude
scare somebody silly, to	asustar mucho a alguien
scare tactics	tácticas o mañas para infundir miedo

scarf, to	comer deprisa
scary good	que asusta según lo esperado. Ejemplo: "That movie was scary good". (Esa película era miedosísima.)
schmuck	véase "jerk"
school of hard knocks	experiencia obtenida de la vida cotidiana
schoolyard talk	habladurías, tonterías
scoop	primicia
score, to	lograr relaciones íntimas con una mujer
score points, to	anotarse puntos. Ejemplo: "She scored plenty of points by backing her boss's nephew". (Se anotó unos cuantos puntos a su favor por apoyar al sobrino de su jefe.)
scrap something, to	anular, cancelar
screw around, to	perder el tiempo
screw up, to	meter la pata, cometer un error
screwball	irracional; estrafalario
scum	persona desagradable, repulsiva; basura
scumbag (ofensivo)	cerdo, marrano
Search me	No sé
seasoned	experimentado
sec	"second" (segundo). Ejemplo: "Wait a sec". (Espera un segundo.)
second nature	hábito o característica que se adquiere y termina formando parte de la naturaleza de una persona
second to none	sin comparación, sin par
second-guess, to	(1) criticar o aconsejar a alguien a posteriori o en retrospectiva. (2) ser más listo que alguien
secondhand	usado, de segunda mano
secondhand smoke	humo de un fumador que otro aspira
security blanket	cualquier cosa que proporciona seguridad
see a light at the end of the tunnel, to	haber esperanza; ver luz entre las sombras
see red, to	tener la sangre hirviendo, enfurecerse

S

see something coming, to	saber lo que se avecina
See you later, alligator	Te veo. Nos vemos
See you soon	Hasta pronto
See you	Te veo. Adiós
seize an opportunity, to	aprovechar una situación
seize the moment, to	aprovechar el momento
self-centered	egocéntrico
self-confidence	confianza en sí mismo
self-conscious	tímido
self-employed	autónomo, que trabaja por cuenta propia
self-made	logrado por esfuerzo propio
self-service	autoservicio
self-sufficient	independiente; que se basta por sí solo
self-taught	autodidacta
sell a bill of goods, to	pasar gato por liebre
sell out, to	traicionar a alguien
sell something for a song, to	vender algo muy barato
send packing, to	(1) despedir de un empleo. (2) deshacerse de alguien, mandarlo a la porra
send to sleep, to	aburrir
send-off	expresión o demostración de amistad hacia alguien que va a salir de viaje, iniciar una carrera profesional, etc.
senior	mayor, de mayor rango. Ejemplo: "Pete senior". (Pablo padre), o "senior vice president" (vicepresidente de mayor rango). Se aplica también en la enseñanza al estudiante de último año en la escuela secundaria o universidad
senior citizen	persona de la tercera edad
sensitive information	información confidencial
September 11	incidente terrorista del 11 de septiembre del 2001, cuando cuatro aviones suicidas atacaron edificios en Estados Unidos

serious relationship	noviazgo
set apart, to	diferenciar, distinguir
set for life	tener el futuro asegurado. Ejemplo: "They won the lottery, and now they are set for life". (Ganaron la lotería y ahora tienen el futuro asegurado.)
set of wheels	cualquier vehículo
set off an alarm, to	activar un dispositivo de alarma
set something straight, to	aclarar algo
set the record straight, to	poner las cosas en su lugar; aclarar las cosas
set the tone, to	marcar la pauta
set the wheels in motion, to	poner algo en marcha
set tongues wagging, to	chismear
settle an old score, to	ajustar viejas cuentas
settle the issue, to	arreglar la cuestión
sex drive	libido
sex kitten	mujer joven con mucho atractivo sexual
sexpot	mujer atrayente, sensual, seductora
sexual intercourse	relaciones sexuales, coito
sexual partner	persona con la que se realiza el coito
sexual performance	capacidad para un desempeño adecuado durante el coito
shack up with, to	vivir con alguien sin estar casados
shades	espejuelos/lentes de sol
shake a leg, to	apurarse
shake down, to	dar un sablazo a alguien; extorsionar a alguien
Shake it off!	¡Quítatelo de encima!, ¡Salta de eso!
Shame on you	Vergüenza te debería dar
Shape up or ship out	Enmiéndate o lárgate
sharp	bien vestido, elegante
Sharpen your pencils	Prepárense. Estén listos
Sheba	mujer sensual o seductiva

shed light on something, to	aclarar algo
shed tears, to	llorar
shell out, to	aflojar/desembolsar dinero
shenanigans	(1) comportamiento sospechoso, tramposo, o falso. (2) travesuras, jugarretas
shift gears, to	cambiar de marcha, tomar otro rumbo
shipshape	limpio, ordenado
shit hit the fan, the (vulgar)	la mierda llegó al techo. Ejemplo: "The boss read the report about our office and the shit hit the fan". (El jefe leyó el informe sobre nuestra oficina y la mierda saltó hasta el techo.)
shitface (vulgar)	feo
shitfaced (vulgar)	borracho
shitload (vulgar)	gran cantidad de algo
shoo-in	ganador seguro de algo
shook-up	tembloroso, estremecido
Shoot!	¡Carambolas!, ¡Concho!, ¡Miércoles!
shoot down, to	(1) rechazar, rehusar. (2) hacer dudar; desacreditar
shoot for the stars, to	soñar por lo alto; ilusionarse
shoot from the hip, to	hablar o actuar impulsivamente
shoot oneself in the foot, to	perjudicarse uno mismo tontamente
shoot the works, to	(1) revelar todo; hablar sin reservas. (2) apostarlo todo; jugarse el todo por el todo
shop around, to	comparar precios en varios lugares
shop till you drop, to	comprar hasta más no poder
shopaholic	persona obsesionada en hacer compras
shopping spree	comprarlo todo
shoptalk	conversación en torno a la profesión propia
short and sweet	algo que satisface por su brevedad y pertinencia
short of miraculous	casi milagroso

shortchange, to	dar vuelto de menos
short-circuit, to	(1) frustrar, poner trabas a alguien. (2) pasar por alto; evadir
shortfall	déficit en los ingresos
shortly before/after	poco antes/después
shot in the arm	estímulo, ayuda
shot in the dark	palo de ciego; pura casualidad
shotgun wedding	boda a la fuerza
Shove it	Métetelo por donde te quepa
show business	mundo del espectáculo, farándula
show horse	algo cuyo propósito es mera exhibición, apariencia
Show me the money	No me andes con discursitos: veamos hechos concretos
show of hands	votación levantando las manos
show off, to	alardear
show one's colors, to	declarar las intenciones de uno
show one's face, to	aparecer
show somebody the door, to	pedir a alguien que se vaya
show the ropes, to	enseñar algo a alguien
showboat, to	alardear
showdown	confrontación
Showtime!	¡Empiecen!
Shucks!	¡Caray!
shuffle around, to	dar vueltas de un lugar a otro
Shut up!	¡Cierra el pico/la boca!
sick	fantástico, extraordinario
sickie	enfermo
sicko	pervertido
side issues	asuntos o cuestiones secundarios
side with somebody, to	ponerse del lado de alguien

S

sidekick	compañero
sideshow	algo de poca importancia
sights and sounds of, the	lo que se ve y oye
sign of the times	indicio de los tiempos
signature	algo que caracteriza a una persona, a una canción, a un estilo, etc. Ejemplo: "That way of walking is John's signature". (Ese estilo para caminar es típico de Juan.)
silver bullet	solución fácil a un problema complejo
silver lining	perspectiva consoladora
simmer down, to	tranquilizarse, sosegarse
simply put	en pocas/breves palabras
single file	fila de a uno
single parent	madre o padre soltero
sink one's teeth into something, to	ocuparse grandemente de algo
sis	"sister" (hermana)
sissy	hombre afeminado
sit at the grown-up table, to	estar/reunirse con gente importante
sit back, to	acomodarse; cruzarse de brazos
sit on something, to	pensar, madurar, reflexionar
sit on the sidelines, to	no intervenir, ser un espectador
sit tight, to	esperar
sit well/bad, to	sentar bien/mal
sitcom	"situation comedy" (programa de televisión cómico)
sitting duck	vulnerable, indefenso
six figures	cualquier cantidad desde 100,000 hasta 999,999
six-pack	envase de seis latas/botellas de cerveza
skag	heroína
skating rink	carretera cubierta de hielo en invierno
skillz	habilidoso

skin virgin	mujer que no se ha hecho tatuajes
skinheads	grupo racial extremista que proclama la supremacía de la raza blanca y cuyos miembros se pelan al rape
skinny-dip, to	bañarse desnudo
Skip it!	¡Olvídalo!, ¡Déjalo!
skip town, to	escapar de algún lugar
skirt	muchacha
sky is the limit, the	no hay límite
skyline	silueta en el horizonte. Ejemplo: "The Manhattan skyline". (Las siluetas de los rascacielos de la isla de Manhattan vistas desde lejos.)
skyrocket, to	subir por los cielos
slacker	vago, incumplidor
slam dunk	algo cierto de tener éxito
slammer	cárcel
slammin'	muy atractivo
slang	jerga, argot
slanguage	jerga o argot
slap on the face, a	insulto
sleep it off, to	reponerse durmiendo después de una borrachera
sleep on something, to	madurar, reflexionar sobre algo. Ejemplo: "Don't make your decision yet; sleep on it". (Antes de tomar una decisión, reflexiónalo bien.)
sleep with the dog, to	excluir al marido del dormitorio debido a problemas maritales
slick	excelente, extraordinario
slip of the tongue, a	lapsus
slip one's mind, to	olvidarse de algo
slippery slope	arriesgado
slo-mo	"slow motion" (a cámara lenta)
slowpoke	tortuga; persona más lenta que las demás
slug it out, to	salir adelante a golpazos

S

slum	barrio pobre y superpoblado
slumber party	noche en la que un grupo de muchachas duerme en casa de una amiga usando la misma ropa y divirtiéndose
slumlord	dueño de casas o apartamentos de barrio bajo que descuida su mantenimiento
slut	mujerzuela; prostituta
smack down, to	reprimir a uno que se propasa
smack in the middle	en el mismísimo medio
smacker	besote
small potatoes	minucias, cosas sin importancia
small print	escrito en letra minúscula que trata de disimular lo que no conviene que se sepa
small talk	habla menuda, habla de ocasión
smart-ass	sabelotodo
smell a rat, to	oler algo sospechoso
smoke	cigarrillo
smoke eater	bombero
smoking gun	prueba o evidencia irrefutable y definitiva
smoking hot	tan caliente que abrasa
smoking mirrors	decepción, engaño
smooch, to	besuquearse
smooth operator	alguien que convence con su labia y maña
snafu	desordenado, confuso
snail mail	correo ordinario
snap one's fingers at, to	desdeñar; burlarse de alguien
Snap out of it!	¡Anímate!
snapshot	foto informal
sneak preview/peek	preestreno; vistazo; adelanto; ver algo antes de tiempo
snippet	recorte; retazo
snitch	soplón, delator
snort, to	inhalar cocaína por la nariz

snowed under	sepultado por nieve
snuff out, to	matar, asesinar
so be it	que quede así, que sea lo que sea
so far	hasta ahora; hasta aquí
so far, so good	hasta aquí muy bien
So long	Hasta luego. Hasta la vista
so much the better	tanto mejor
So what?	¿Y qué?
SOB	"son of a bitch" (véase)
so-called	así llamado(a)
soccer mom	madre norteamericana, usualmente de clase media, blanca, bien educada y ama de casa, cuyas ideas y comportamiento son en general tradicionales sin dejar de gozar de la vida moderna
social engineering	control de la actitud y comportamiento de una sociedad por parte del gobierno o de grupos de distinta índole
Sock it to him!	¡Dale por el culo!
Sock it to me	Dímelo. Dámelo
solid	excelente, extraordinario
some extent, to	hasta cierto punto
somehow or other	de algún modo u otro
something has to give	algo tiene que ceder
sometime or other	tarde o temprano
sometime soon	pronto
somewhere along the line	en algún momento
son of a bitch (ofensivo)	hijo de puta
son of a gun	igual que "son of a bitch" pero más atenuado
soon after	poco después
sooner or later	tarde o temprano
sort of	especie de
so-so	así así/así asá

S

sought-after	deseado, buscado
soul food	comida tradicional de los negros del sur de Estados Unidos
soul mate	compañero espiritual; amigo del alma
soul-searching	examen de conciencia; introspección
sound asleep	profundamente dormido
sound-bite	comentario breve que puede recordarse fácilmente
sounding board	persona o grupo con el que se consultan ideas, planes, etc.
sounds	música
soup kitchen	comedor público gratuito
sour grapes	menosprecio de lo que es difícil o imposible de obtener
south of the border	del otro lado de la frontera (México)
Southern Belle	mujer bella y de comportamiento típico del sur de Estados Unidos
space cadet	persona atolondrada u olvidadiza
spaced-out	persona bajo el efecto de una droga
spare change	menudo (dinero)
Spare me	No me vengas con cuentos. No me tomes el pelo
speak one's mind, to	hablar lo que uno piensa; hablar honestamente
speak out, to	hablar claro; franquearse
speak volumes, to	decir mucho
special interests	intereses creados; intereses particulares
specks	lentes, gafas, espejuelos
speed	anfetamina
speed bumps	obstáculos viales
speedy recovery	pronto restablecimiento
spell out, to	(1) explicar en detalle. (2) deletrear
spick (ofensivo)	cualquier persona de ascendencia hispana en Estados Unidos
spiffy	limpio; acicalado; bien arreglado

spill one's guts, to	decirlo todo
spill the beans, to	revelar todo
spin-off	artículo o producto derivado
spiral out of control, to	dispararse o desatatarse, usado principalmente en el ámbito económico. Ejemplo: "Inflation is spiraling out of control". (La inflación está desatada o asciende incontrolablemente.)
spirited	lleno de vida, enérgico, animado
spirits	licor
split hairs, to	hacer distinciones triviales o excesivamente sutiles; buscarle los pies al gato
spoiled brat	niño mimado
spoiled rotten	excesivamente mimado
spook	(1) fantasma, espectro. (2) espía
spook, to	asustar
spot-on	en el clavo
spouse	marido o esposa
spox	"spokesperson" (vocero)
spring break	vacaciones de primavera
spring chicken	persona joven. Ejemplo: "At forty, she's no longer a spring chicken". (A los cuarenta, ya no es una jovencita.)
spring into action, to	ponerse en marcha
spuds	papas, patatas
spunk	agallas
squad car	carro patrullero
square	anticuado en el actuar, pensar o vestir
square meal	comida completa, sustanciosa
square off, to	(1) alistarse para pelear. (2) arreglar cuentas
squat	(1) cantidad insignificante (2) desproporcionadamente corto o grueso
squeaky-clean	muy limpio, limpísimo

S

squeeze by, to	arreglárselas para salir adelante
stacked	mujer de buena figura, buen cuerpo
stag, to	salir solo
staged	fingido
stagestruck	fascinado por el escenario
stand aside, to	hacerse a un lado
Stand clear!	¡Apártense!, ¡Quítense del medio!
stand corrected, to	reconocer un error
stand in the way, to	ser un obstáculo o impedimento
stand one's ground, to	mantenerse firme en una posición (física o espiritualmente)
stand out from the crowd, to	sobresalir
stand still, to	no moverse; permanecer quieto
stand tall, to	tener la frente en alto; exhibir fortaleza o calma, especialmente frente a una adversidad
stand to reason, to	ser lógico o racional
stand up for somebody, to	defender a alguien
stand up somebody, to	dejar a alguien plantado
stand-up guy	persona que da la cara; persona íntegra o leal
staple	(1) alimento principal o básico. (2) producto o artículo principal. (3) elemento principal, tema central. (4) materia prima
stark naked	completamente desnudo
stark reality	realidad al desnudo
start from scratch, to	empezar desde cero
start over, to	volver a empezar
starve to death, to	morirse de hambre
state-of-the-art	lo más moderno y avanzado
statutory	establecido por ley

stay abreast, to	mantenerse al tanto o al corriente
stay away, to	mantenerse alejado de algo, no acercarse a algo
stay on message, to	mantenerse en una posición o punto de vista
stay positive, to	ser optimista
Stay put	No te muevas. Quédate ahí.
stay the course, to	mantener el rumbo; seguir su curso
Stay with it	No lo pierdas de vista
stay-at-home mom	ama de casa
steal somebody's thunder, to	quitarle la primicia a alguien
steamed	molesto, enojado, echando fuego
steamroll, to	aplastar; arrollar; vencer con fuerza irresistible
step down, to	renunciar, dimitir
step in the right direction, a	paso bien encaminado
Step on it!	¡Acelera!
step out of line, to	desobedecer
step too far, a	que se ha ido demasiado lejos
step up to the plate, to	ponerse a la altura de algo, enfrentar lo que se tiene delante
stick it out, to	esperar; aguantar, soportar
stick it to somebody, to	darle duro a alguien
Stick it up your ass! (ofensivo)	¡Métetelo por el culo!
stick to one's guns, to	mantenerse firme en una posición. Ejemplo: "No matter what happens, stick to your guns". (No importa lo que pase, mantente firme.)
stick/keep to the point, to	no irse por las ramas
sticker shock	asombro al ver el precio de un producto
sticks	(1) zona rural, campo muy remoto. (2) región olvidada, los quintos infiernos
still going strong	algo que sigue funcionando bien o normalmente

S

still shot	foto
sting	artimaña policíaca para agarrar a alguien con las manos en la masa, principalmente a un político
stogie	cigarro barato
stone-cold	helado, frígido
stonewall, to	obstruir, evadir y rehusar toda cooperación
stool pigeon	soplón, chivato
stop and smell the roses, to	ver el buen lado de la vida
Stop kidding around	Para de bromear. Basta de tonterías
stop somebody in his/her tracks, to	parar a alguien en seco
storm out, to	salir furioso de algún lugar
straight	heterosexual
straight face	cara inexpresiva. Ejemplo: "He lied with a straight face". (Mintió sin expresar emoción alguna.)
straight from the shoulder	sin rodeos
straight shooter	que habla con sinceridad; que dice la verdad
straight to the gut	derechito al hígado
straight to the point	al grano
straightforward	sincero; directo; honesto
strange bedfellows	alianza o combinación insólita o peculiar
straw that broke the camel's back, the	la gota de agua que desbordó el vaso
straw vote	(1) encuesta preelectoral. (2) votación extraoficial
street pizza	animal arrollado en una carretera
stretch, a	exageración
stretched to the limit	al máximo. Ejemplo: "Our funds are stretched to the limit". (Nuestros fondos están empleados al máximo.)
strike a balance, to	llegar a un acuerdo
strike a cord, to	reaccionar emocionalmente a algo

strike back, to	devolver el golpe
string somebody along, to	engañar, embaucar
strip joint	club o teatro donde se desnudan mujeres u hombres
stripper	mujer u hombre que se desnuda con acompañamiento musical en un club o teatro
stroke of luck	golpe de suerte
stroll down memory lane, to	recordar con añoranza
strong-arm somebody, to	intimidar con violencia verbal o física
stuck in the mud	atascado, relegado, atrasado en sus ideas, modo de vivir, etc.
stuff oneself, to	atracarse de comida
stump speech	charla o discurso que da un político durante su campaña
suck (vulgar)	felación
suck up to, to	lisonjear, adular
suck, to	(1) ser desagradable u ofensivo. Ejemplo: "That film sucked". (Esa película fue una mierda.) (2) (vulgar) hacer una felación
sucker	bobo, incauto
sucks	algo que apesta, repugna
suffice it to say	basta con decir
sugar daddy	viejo adinerado de una mujer joven
sugar	expresion cariñosa. Ejemplo: "Hi, sugar!" (¡Hola, mi terroncito de azúcar!)
sugarcoated	cubierto de azúcar para que sepa o caiga mejor. Ejemplo: "He sugarcoated his anguish with a smile". (Endulzó su angustia con una sonrisa.)
Suit yourself!	¡Haz lo que quieras! ¡Haz lo que te dé la gana!
Super!	¡Fantástico!
super-duper	sensacional, fabuloso
surrogate parent	madre o padre suplente
survival of the fittest	supervivencia del más apto; ley del más fuerte

S

swanky	lujoso
sweatshop	fábrica donde se explota al trabajador
sweep one off one's feet, to	enamorarse súbita y profundamente. Ejemplo: "As soon as I saw him, he swept me off my feet". (Al no más verle, me enamoré perdidamente de él.)
sweep something under the rug, to	esconder algo
sweet deal	buen negocio
sweet price	buen precio
sweet tooth	gusto por los dulces
sweetie	amorcito, encanto
sweet-talk, to	engatusar, lisonjear
swinger	hedonista; amante del placer, sobre todo sexual

T

t, to a	perfecto, exacto; a la perfección
tad	poco, poquito
tag along, to	acompañar. Ejemplo: "Can I tag along with you?" (¿Te acompaño?)
tag, to	firmar un graffiti
tail end	parte última, parte final
tailgating	manejar demasiado cerca del vehículo delantero
tailored audience	audiencia que se elige anticipadamente para dar una buena impresión
tainted	contaminado
take	botín
take a back seat, to	tomar una posición inferior o secundaria
take a day off, to	tomarse el día libre
take a deep breath, to	calmarse, relajarse
take a dim view of something, to	estar en contra de algo
take a dip, to	darse una zambullida
take a fancy to, to	gustarle a uno algo o alguien
take a haircut, to	transarse por una cantidad inferior en una ganancia
Take a hike!	¡Vete al carajo!
take a hint, to	captar una indirecta
take a hit, to	recibir un golpe
take a leading role, to	tomar la delantera
take a leak, to	orinar
take a lot of flak, to	ser muy criticado
take a piss, to	orinar
take a potshot at, to	criticar a alguien o algo

take a spill, to	caerse
take a stab at something, to	dar una opinión o punto de vista; intentar algo
take a toll, to	afectar. Ejemplo: "Working so much is taking a toll on my father". (Tanto trabajar está afectando a mi padre.)
take a turn for the better, to	empezar a mejorar
Take a walk!	véase "Take a hike!"
take a whiz, to	orinar
take care of things, to	cuidar, encargarse de todo
Take care!	¡Cúidate!, ¡Que te vaya bien!
take five, to	tomar un descanso
take for a ride, to	engañar, timar, estafar
take for granted, to	dar por sentado o por hecho
take heart, to	animarse, cobrar aliento
take ill/sick, to	enfermarse
take issue, to	discrepar
take it, to	aguantar, soportar
take it all in, to	entenderlo todo. Ejemplo: "Yes, I took it all in". (Sí, lo entendí todo.)
Take it easy	Tómalo con calma
take it on the chin, to	sufrir las consecuencias; aguantar sufrimiento o fracaso
Take it or leave it	Tómalo o déjalo
take it with a grain of salt, to	tomar algo con sospecha, escepticismo o reserva; aceptar o creer con reservas
take legal action, to	darle curso legal a algo; iniciar un procedimiento legal
take life as it comes, to	aceptar la vida como es o se presenta
take lightly, to	tomar a menos
take matters into one's hands, to	hacer algo uno mismo
take notice, to	prestar atención
take off, to	triunfar, tener éxito

take offense, to	ofenderse
take one's best shot, to	hacer lo mejor que se pueda
take one's breath away, to	asombrarse; emocionarse; quedarse sin aliento
take one's lumps, to	sufrir las consecuencias de acciones propias
take one's medicine, to	aceptar un castigo sin quejarse
take one's sweet time, to	tomarse el tiempo que uno quiera
take pity on somebody, to	sentir pena o lástima por alguien
take place, to	tener lugar; ocurrir
take roots, to	echar raíces
take sides, to	tomar partido
take somebody for a spin, to	llevar a alguien a dar una vuelta
take somebody out, to	matar a alguien
take somebody to task, to	censurar; llamar la atención a alguien
take somebody to the cleaners, to	privar de dinero o posesiones; arruinar; dejar limpio
take somebody under one's wing/wings, to	proteger o ayudar a alguien
take somebody's word(s) out of his/her mouth, to	quitarle la(s) palabra(s) de la boca a alguien. Ejemplo: "You took the word out of my mouth". (Me quitaste la palabra de la boca.)
take someone at his/her word, to	creer o confiar en lo que alguien dice
take something into account, to	tomar algo en cuenta
take something lying down, to	tomar algo sin hacer nada
take something one step at a time, to	tomar algo paso a paso
take something to heart, to	tomarse algo a pecho
take something to one's grave, to	guardar un secreto para siempre

take something too far, to	extralimitarse
take the bad with the good, to	aceptar lo bueno y lo malo
take the bull by the horns, to	tomar al toro por las astas
take the cake, to	llevarse el premio; quedar primero
take the eye off something, to	no poner atención en lo que se hace
take the fall, to	recibir la culpa o censura por un fracaso o delito
take the Fifth, to	no incriminarse uno mismo o ser testigo contra sí mismo al testificar en un juicio o proceso
take the floor, to	prepararse para dar un discurso
take the gloves off, to	quitarse los guantes, pelear
take the high road, to	optar por la opción más moral o ética
take the law into one's own hands, to	tomar la justicia por mano o cuenta propia
take the plunge, to	hacer algo decisivo
take the rap for something, to	cargar con la culpa de algo
take time off, to	no trabajar por algún tiempo
take to heart, to	tomar en serio
take to something like a duck to water, to	aprender a hacer algo rápidamente y gozar de ello
take to task, to	pedirle cuentas a alguien por algo; llamarle la atención a alguien
take to the hills, to	salir corriendo
take to the woods, to	escapar y esconderse
take turns, to	alternar
take-home pay	sueldo neto
takes a licking and keeps on ticking	algo o alguien que resiste golpes y adversidades
talk dirty, to	hablar lasciva o indecentemente

talk down to, to	menospreciar, tomar a menos
talk high, to	presumir, alardear
talk is cheap	hablar es perder el tiempo
talk like a maniac, to	hablar como un arrebatado
talk of the town	la comidilla del lugar o del pueblo
talk off the top of one's head, to	decir algo sin pensarlo debidamente
talk radio	programa radial en que el locutor y radioyentes discuten temas de actualidad
talk the talk and walk the walk, to	hacer exactamente lo que se dice, obrar según lo expuesto
talk trash, to	decir tonterías/basuras
talk turkey, to	decir la verdad; hablar sin rodeos
talking points	temas a discutir en una charla o discurso, principalmente en un programa de televisión o radio
tall order	objetivo difícil de lograr
tallywhacker	pene
tan somebody's hide, to	darle una paliza a alguien
tantrum	pataleta, rabieta
taper off, to	(1) estrecharse. (2) disminuir, decaer
tapped out	(1) acabado, exhausto. (2) sin dinero
tard	"retarded" (retardado)
Ta-ta	Adiós. Hasta luego
teach	"teacher" (maestro)
teacher's pet	estudiante predilecto del maestro
team player	que actúa o trabaja en equipo; que acepta lo que el equipo decida
tearjerker	cuento, canción, obra de cine o teatro que hace llorar
teed off	malhumorado, molesto
teeny-weeny	diminuto
tell apart, to	distinguir, diferenciar

T

tell it like it is, to	decir las cosas como son, sin dar vueltas ni rodeos
tell it straight up, to	decir algo directamente, sin vueltas ni rodeos, sin preámbulos
tell that to the Marines	vete a engañar a otro, vete a otro con ese cuento
tell-all book	libro con información reveladora y a menudo escandalosa
temp	(1) "temperature" (temperatura). (2) "temporary worker" (temporero)
temper tantrum	pataleta
tempers flared	los ánimos se alteraron o enardecieron
tempest in a teapot	tormenta en un vaso de agua
tend to agree, to	inclinarse a pensar igual. Ejemplo: "I tend to agree with what you said". (Me inclino a pensar como usted.)
tender loving care	cuidado tierno y amoroso. Sus siglas, "t.l.c.", se emplean con frecuencia
ten-four	entendido, vale
tent people	refugiados o desamparados que viven en tiendas de campaña
term limits	restricción del número de veces que se puede ejercer un cargo político
test the waters, to	tantear el terreno
Thanks a bunch	Gracias mil
Thanks a million	Un millón de gracias
Thanks, but no thanks	Se lo agradezo, pero no lo quiero, quédese con él
Thanx	"Thanks" (gracias)
that being that	siendo eso así
that being the case	siendo así, siendo de tal manera
that end, to	con ese fin
that extent, to	hasta ese punto
that said	una vez dicho
that was then, this is now	así era antes pero no ahora; lo que era ya no es
that'll be the day	cuando el mar se seque; algo que no pasará

That's a given	Eso se da por hecho
that's a matter of opinion	eso es discutible; eso es diferente
That's about the size of it	De eso se trata
that's all there's to it	no hay más; eso es todo lo que hay
that's always been the case	siempre ha sido así
that's another matter	eso es otra cosa
That's awesome!	¡Eso es fenomenal!
That's baloney	Esas son tonterías
That's besides the point	Eso no tiene nada que ver
That's good enough for me	Con eso me basta
that's it	eso es todo
That's it!	¡Se acabó!, ¡Ni una más!
That's nice!	¡Qué bueno!, ¡Qué bien!
That's quite enough!	¡Para ya!
That's right/wrong	Eso es/no es verdad
that's that	ya no hay más que hablar
that's the case	así es
That's the end of that tune	Se acabó. No hay más que hablar
that's the way it is	así son las cosas
that's the way the ball bounces	véase "that's the way the cookie crumbles"
that's the way the cookie crumbles	las cosas pasan y hay que dejarlas
That's the way!	¡Así se hace!
that's to say	es decir
The ball is in your court	Ahora te toca a ti; te corresponde a ti dar el próximo paso
then again	también
there goes the neighborhood	deterioro de un barrio por la clase de gente que a él se muda

T

there will be hell to pay	se va a armar la gorda, el despelote
There you are	Ahí tienes
There you go	Así es. Así se hace
There you go again	Vuelta con lo mismo
There you have it	Ahí lo tienes
there's a lot riding on it	mucho depende de eso
there's an argument to be made	cabe argumentar; se puede decir
there's no cause	no hay motivo para
there's no denying	es innegable
there's no harm in trying	nada se pierde con tratar
there's no point	no sirve de nada
there's no question about it	no cabe duda
there's no telling	no se sabe. Ejemplo: "There's no telling how the auction would come out". (No se sabe cómo ha de resultar la subasta.)
there's no way around it	no hay otra solución; no hay otro camino
there's nothing to it	es muy fácil
thin ice	situación precaria
thin on top	calvo
think inside the box, to	pensar de forma tradicional
think it twice, to	volverlo a pensar, pensarlo de nuevo
think long and hard, to	pensar detenidamente
Think nothing of it	Ni lo menciones. No es nada
think out loud, to	expresarse mientras se va pensando
think outside the box, to	pensar de forma innovadora
think tank	instituto, corporación o grupo dedicado a investigación interdisciplinaria
this day, to	hasta el día de hoy
this goes to show	con lo que se demuestra, queda demostrado

this is it	hasta aquí; ni una más
thorny issue	asunto/tema peliagudo, espinoso
Those were the days!	¡Aquellos eran los tiempos! Ejemplo: "Those were the days, when families were united". (Aquellos eran los tiempos, cuando las familias eran unidas.)
threads	ropa
three is a crowd	con dos basta
three of a kind	tres del mismo palo
threesome	tres personas haciendo el amor
thrill seeker	persona que gusta de participar en una actividad arriesgada
through thick and thin	tanto en las buenas como en las malas
throw a bone, to	ayudar con algo pequeño
throw a fit, to	enfurecerse
throw a monkey wrench into something, to	interferir u obstaculizar algo
throw down, to	echar por tierra; derribar
throw dust into somebody's eyes, to	confundir
throw good money after bad, to	despilfarrar dinero tratando de recuperar lo perdido
throw in the towel, to	darse por vencido; tirar la toalla
throw money down the drain, to	perder/despilfarrar el dinero
throw somebody under the bus, to	perjudicar a alguien; tirar a alguien a los leones
throw the book at somebody, to	aplicar todo el rigor de la ley a alguien
thrown one's weight around, to	ejercer poder o autoridad de modo censurable
thumb one's nose, to	expresar rebeldía o desprecio
thumb through, to	hojear
ticker	corazón

T

ticket maid	persona que pone multas en los parquímetros
tickled pink	que agrada o da placer
tidbit	(1) bocado, golosina. (2) noticia agradable pero de pequeña importancia
tie the knot, to	casarse
tight-lipped	taciturno; callado
time after time	una y otra vez
time frame	intervalo de tiempo
time is of the essence	el tiempo apremia
time is running out	se está acabando el tiempo
time permitting	si lo permite el tiempo
time to go	hora de partir
time-consuming	que toma o gasta mucho tiempo
time-out	(1) intermedio, intervalo. (2) interrupción, suspension temporal. (3) pausa, descanso
timing	tiempo oportuno. Ejemplo: "The timing to launch that product was excellent". (El tiempo para lanzar ese producto fue muy oportuno.)
Tinseltown	Hollywood
tip of the iceberg	algo que evidencia algo mucho más profundo
tip off, to	(1) dar información o un consejo. (2) prevenir, advertir secretamente
tip the balance, to	tomar una decisión que cambiará el equilibrio establecido
tipping point	momento en el que no se puede detener un cambio o efecto
tipsy	medio borracho
tiptoe, to	caminar de puntillas
tit for tat	véase "quid pro quo"
tits	tetas
tix	"tickets" (entradas)
toad	persona despreciable, desdeñable

toasty	calientito
to-do list	lista de cosas que hacer
toe-to-toe	frente a frente, cara a cara
toke up, to	fumar marihuana
token of appreciation	muestra de agradecimiento. Ejemplo: "We'd like to give you this as a token of our appreciation". (Queremos darle esto como muestra de nuestro agradecimiento.)
tomboy	niña con comportamiento masculino
tongue-in-cheek	algo dicho con ironía disimulada
tongue-lashing	reprensión, regaño fuerte
tons	toneladas de algo
Too bad	Qué lástima
too big to fail	empresa poderosa que debe socorrerse si confronta bancarrota para evitar un desplome económico general
too close to call	imposibilidad de declarar ganador a uno de los dos candidatos por insuficiencia de votos
too close to home	algo que está demasiado próximo; algo que afecta directa o personalmente
too early to tell	algo que aún no se sabe
too good to be true	algo que no es tan bueno como aparenta ser, como un producto de buena marca que se anuncia a un precio irrisorio
too hot to handle	algo que es peligroso o difícil. Ejemplo: "The child got to be too hot to handle". (El niño resultó ser muy difícil de controlar.)
tool	(1) alguien que es usado o manipulado por otro. (2) (vulgar) pene
tool around, to	conducir, manejar
tools of the trade	cualquier objeto o destreza que se emplea para desempeñar un oficio
top dog	persona que domina una posición
top of the line	lo mejor
top off, to	rematar; concluir; completar

top quality	de primera calidad
top up, to	llenar al tope
top/bottom of the hour	en la próxima hora/a las y media
topsy-turvy	al revés; patas arriba
totaled	destrozado (vehículo)
touch a nerve, to	alterar o irritar a alguien; hacerle saltar
touch and go	incierto, impredecible
touch base, to	mantenerse en contacto
tough call	decisión difícil
tough going	cuesta arriba
tough it out, to	saber confrontar dificultades; ser fuerte
tough love	actitud fuerte que se toma hacia el que se quiere por su propio bien
tough sale	dificultad para convencer a alguien
track record	antecedentes
trailblazer	pionero
trailer trash	gente pobre y mal educada. Término despectivo derivado de personas que viven en casas prefabricadas en barrios pobres
trash somebody, to	criticar duramente a alguien; poner a alguien por los suelos
travel light, to	viajar con poco equipaje
trial and error	tanteo; prueba en la que se puede acertar o errar
trick or treat	frase empleada por los niños durante Halloween (Día de todos los santos) que van de casa en casa pidiendo caramelos o regalitos so pena de hacer alguna maldad
tricks of the trade	métodos para hacer algo mejor o más rápido
trigger-happy	belicoso
troublemaker	camorrista, alborotador, perturbador
troubleshoot, to	resolver un problema, por lo general mecánico, con facilidad y precisión
troublesome	problemático, conflictivo

true grit	agallas
true to life	conforme a la realidad
trump	triunfo
trump, to	salir victorioso
truth will set you free, the	la verdad te absolverá o liberará
tunnel vision	persona de mentalidad cerrada; estrechez de miras
turd (vulgar)	mojón
turn a deaf ear, to	no querer escuchar; hacerse el sordo
turn color, to	cambiar de color
turn for the better, a	mejora de algo. Ejemplo: "Things took a turn for the better for Charles". (Las cosas mejoraron para Carlos.)
turn of the century	final de un siglo y comienzo del otro
turn off, to	desalentar, hacer perder el interés
turn on, to	gustar, excitar sexualmente
turn over a new leaf, to	hacer borrón y cuenta nueva
turn over, to	(1) volcar; voltear; darse vuelta. Ejemplo: "The boat turned over". (El bote se dio vuelta.) (2) dar vuelta la página. (3) trastornar. (4) hacer negocios. Ejemplo: "He is turning over $4,000 a week". (Está haciendo más de $4.000 a la semana.)
turn something on its head, to	darle la vuelta a algo, ponerlo patas arriba
turn the other cheek, to	ignorar un abuso o insulto; dar la otra mejilla
turn the page, to	cambiar de tema o actitud
turn the tables, to	virar la tortilla; cambiar la suerte
turn the tide, to	cambiar la suerte o el curso de los acontecimientos
turn to dust, to	convertirse en polvo
turning point	momento decisivo o crucial
turnout	concurrencia; reunión
turnpike	carretera con peaje
tux	"tuxedo" (smoking, frac)

T

twenty-four seven	siete días a la semana, 24 horas al día
20-20 hindsight	a posteriori, en retrospectiva
twerp	persona insignificante
twiddle one's thumbs, to	no hacer nada, haraganear
twisted mind	mente torcida
twit	estúpido
two wrongs don't make a right	con un error no se repara/subsana otro
twofold	doble; de dos clases o aspectos

U

u	"you" (tú/usted)
Uh-oh	Oh oh
Uh-uh	No
Uncle Nab	policía
Uncle Sam	"Tío Sam" (gobierno estadounidense)
under a cloud	(1) desacreditado; en desgracia. (2) deprimido
under lock and key	bien guardado
under one's belt	completado, terminado. Ejemplo: "I already have that job under my belt". (Ya he terminado ese trabajo.)
under one's nose	delante de las narices
under the counter	algo que se hace oculto y a escondidas
under wraps	en secreto
underdog	(1) persona no favorecida para ganar en algo. (2) víctima de la injusticia social; persona débil o desvalida
underpinnings	piernas
undies	ropa interior femenina
undivided attention	toda la atención. Ejemplo: "Say what you have to say: you have my undivided attention". (Diga lo que tenga que decir: le escucho con toda atención.)
undocumented alien	inmigrante indocumentado
unfettered	libre, sin restricción o amarres
unheard of	nunca oído
unhinged	desequilibrado, desquiciado, trastornado
unintended consequences	consecuencias o resultados inesperados
unsavory character	tipo desagradable
unspoken truth	verdad que se calla, verdad silente
unstapled	desatado, desbocado, suelto. Ejemplo: "My boss got unstapled when he was told about the drop in sales". (Mi jefe se desbocó al enterarse de la baja en las ventas.)

unsung heroes	héroes que pasan desapercibidos
untapped resources	recursos sin explotar
until hell freezes over	hasta que se caiga el cielo; hasta que el infierno pare de arder
up against	contra
up close	de cerca
up close and personal	íntimamente
up in years	viejo
up the wazoo	en exceso o en gran abundancia
up to	hasta
up to a point	hasta cierto punto
up to par	satisfactorio; conforme con determinado estándar
up until	hasta
up-and-about	recuperado de una enfermedad
up-and-coming	prometedor
upbeat	optimista. Ejemplo: "I am upbeat about my job prospects". (Me siento optimista de mis posibilidades de empleo.)
upbringing	educación, crianza
upcoming	próximo; cercano; venidero
up-front	franco; directo; correcto; honesto
uphill	cuesta arriba, dificultoso, laborioso
upper crust	clase alta; alta sociedad
upper hand	ventaja
upper mobility	mejora en la escala social o económica de una persona
ups and downs	altibajos
upside down	al revés; patas arriba
uptight	tenso; incómodo; nervioso
user-friendly	fácil de usar o entender. Ejemplo: "This is a user-friendly program". (Este es un programa fácil de usar.)

V

value	buen precio. Ejemplo: "That car was a good value". (Ese carro tenía buen precio o fue una buena compra.)
vantage point	posición ventajosa o estratégica
vegan	vegetariano estricto
vegetate, to	no hacer nada; vegetar
veggie	hortaliza
versus	contra
vested interest(s)	(1) gran interés en algo. (2) intereses creados
vetting	investigación meticulosa del pasado de una persona. Ejemplo: "Personnel is vetting the candidates for that job". (El departamento de personal está investigando a los candidatos para ese puesto.)
vibes	sentimiento, presentimiento. Ejemplo: "I have bad vibes about that man". (Tengo un mal presentimiento acerca de ese hombre.)
vibrator	consolador
vie, to	competir por algo
vis-à-vis	con respecto a, con relación a
vitriol	virulencia en los sentimientos o el habla
vivor	"survivor" (superviviente)
Voilà	Voilà: término francés empleado para llamar la atención o mostrar safisfacción por algo
vs.	véase "versus"

V

W

wack	persona considerada excéntrica
wacko	chiflado, absurdamente excéntrico. Ejemplo: "That wacko eats banana peels". (Ese chiflado come cáscaras de plátano.)
wacky	adjetivo de "wacko". Ejemplo: "What a wacky actor he is!" (¡Qué actor tan loco es él!)
wad	bulto o manojo de dinero
wait and see, to	esperar a ver qué pasa
wait for the other shoe to drop, to	(1) esperar que ocurra algo aparentemente inevitable. (2) esperar que pase algo más. Ejemplo: "In that trial, I am waiting for the other shoe to drop". (En ese juicio estoy esperando que pase algo más.)
wait is over, the	no más esperar
wait till the cows come home, to	esperar interminablemente
wait-and-see attitude	actitud de espera. Ejemplo: "My boss always shows a wait-and-see attitude". (Mi jefe se muestra siempre muy cauteloso.)
waiting in the wings	esperando para substituir a otro
wake-up call	aviso o advertencia
walk a fine line, to	actuar en una situación que require equilibrio entre dos cosas o emociones que compiten entre sí. Ejemplo: "He must walk a thin line when trying to resolve a dispute between his wife and mother". (Debe actuar con suma cautela al tratar de resolver una discusión entre su esposa y su madre.)
walk in the park	experiencia fácil y placentera. Ejemplo: "That job is a walk in the park". (Ese trabajo es fácil.)
walk on sunshine, to	estar/sentirse alegre
walk the dog, to	sacar a caminar el perro
walk the line, to	obedecer las reglas

walk the plank, to	ser forzado a renunciar
walking tall	caminar con la frente en alto
wallflower	mujer que se queda sin pareja en los bailes
wall-to-wall	algo que lo abarca todo. Ejemplo: "That's a wall-to-wall carpet". (Esa es una alfombra de pared a pared.)
wampum	dinero
wana	marihuana
wanna	"want to" (querer). Ejemplo: "You wanna go to the movies?" (¿Quieres ir al cine?)
wannabe	"wants to be" (quiere ser). Ejemplo: "He's a sorry wannabe". (Es un pobre presumido.)
Want a piece of me?	¿Quieres pelear?
want something bad enough, to	desear algo mucho
warmonger	persona o nación belicosa
wash-and-fold	servicio de lavado y doblado de ropa
wash-and-wear	ropa que no se plancha después de lavada
wasn't born yesterday	alguien que no es tonto o ingenuo; alguien que no nació ayer
WASP	"White, Anglo-Saxon, Protestant" (blanco, anglosajón y protestante). De raza y clase tradicionalmente privilegiada
Wassup?	"What's up?" (¡Hola!, ¿Qué tal?, ¿Cómo andan las cosas?)
waste one's breath, to	gastar saliva
watch one's step, to	mirar por donde se camina
Watch out!	¡Cuidado!
Watch your language	Mira lo que dices. Ten cuidado con lo que dices
watchdog	vigilante
water over the dam	véase "water under the bridge"
water under the bridge	ya pasado, que no tiene relevancia
watercooler conversation	charla de empleados alrededor del bebedero; charla superficial
watered down	adulterado; diluido

W

watershed	hito; momento crucial; punto decisivo
way ahead of the curve	en la delantera de algo
way back	hace mucho tiempo
way back when	en tiempos remotos; en el año de la nana
way before	mucho antes. Ejemplo: "Way before I met you I had a son". (Mucho antes de conocerte tuve un hijo.)
way out	salida
way past time	ya ha pasado bastante tiempo
Way to go!	¡Así se hace!, ¡Bien hecho!
way too many	demasiados
We'll cross that bridge when we get there/come to it	Resolveremos ese problema llegado el momento
weak-kneed	falto de carácter o voluntad
wear and tear	desgaste natural
wear oneself down, to	perder fuerzas, agotarse
wear out one's welcome, to	abusar de la hospitalidad de otros
weather the storm, to	aguantar/sobrellevar el temporal
wee hours	muy temprano. Ejemplo: "The party lasted until the wee hours". (La fiesta duró hasta la madrugada.)
weed	marihuana
weed out somebody or something, to	deshacerse de alguien o algo
wee-wee, to	hacer pipí
weigh in, to	intervenir; influir
weigh one's words, to	medir las palabras, pensar en lo que se dice
weighty debate	debate concienzudo, a fondo
weirdo	persona rara o estrafalaria
Well said	Bien dicho
well taken	justificable

well-grounded	bien fundado; bien asentado
wellness	buen estado de salud física y mental
well-off	rico
well-read	instruido
well-rounded	(1) completo. (2) educado integralmente
well-to-do	próspero
welsh, to	(1) no pagar una deuda. (2) no cumplir con lo prometido
welsher	persona que no paga sus deudas o no cumple con lo prometido
wet	borracho
wet behind the ears	inexperto, inmaduro
wet the bed, to	orinarse en la cama
wetback (vulgar)	campesino latinoamericano que cosecha en Estados Unidos
whack, to	golpear o matar a alguien
whacked	golpeado; muerto; drogado; embriagado; con resaca
What a nerve!	¡Qué descarado!, ¡Qué sinvergüenza! Ejemplo: "He made all that mess and didn't clean it up; what a nerve!" (Hizo todo ese embarre y lo dejó todo como estaba, ¡qué sinvergüenza!)
What a nuisance!	¡Qué molestia!
What a pain!	¡Qué pesado!, ¡Qué antipático!
What are you driving at?	¿Qué quiere decir?
What are you getting at?	¿Qué estás implicando?, ¿Adónde vas con eso?
What could possibly go wrong?	¿Qué malo podría pasar?
What difference does it make?	¿Qué importa?
What do I know?	¿Y yo qué sé?
what end?, to	¿con qué fin?, ¿con qué propósito?
what goes around comes around	el que la hace la paga

W

What good is it?	¿De qué vale?
What have you got?	¿Qué tienes?
what have you	lo que sea, véase "whatnot"
what if?	¿y qué pasa si?
what matters	lo que cuenta o vale
What next?	¿Qué viene ahora?, ¿Y ahora qué?
What the heck/hell!	¡Qué diablos!
what you see is what you get	la realidad es una sola
What's bugging you?	¿Qué mosca te ha picado?
What's cooking?	¿Cómo andan las cosas?, ¿Cómo te va?
What's doing?	¿Qué hay?, ¿Cómo andan las cosas?
What's eating you?	¿Qué te pasa?
What's in it for me?	¿Y yo qué gano en eso?
what's more	y lo que es más
What's popping?	¿Qué hay?, ¿Qué hay de nuevo?
What's that all about?	¿De qué se trata?, ¿Cuál es el asunto?
What's the beef?	¿Cuál es el problema?
What's the big idea?	¿Por qué hiciste eso?, ¿Qué te traes?
What's the catch?	¿Cuál es la trampa?
What's the fuss?	¿A qué se debe el alboroto?
What's the idea?	¿Qué te traes?
What's the point?	¿De qué vale?
what's there to say	qué más se puede decir; sobran las palabras
What's with him/her?	¿Qué le pasa?
What's wrong?	¿Qué pasa?
whatchamacallit	"what you may call it" (algo difícil de clasificar o cuyo nombre se desconoce)
whatever	lo que sea, como le dé la gana a uno

whatever it takes	no importa lo que lleve o tome. Ejemplo: "Whatever it takes, I'll do it for you". (No importa lo que lleve/tome lo haré por ti.)
whatnot	cualquier otra cosa que también podría haber sido mencionada. Ejemplo: "They brought to the party cakes, cookies, sodas, and whatnot". (Trajeron a la fiesta pasteles, galletitas, refrescos, y qué sé yo qué más.)
wheels	automóvil
when all is said and done	una vez dicho y hecho todo
when it comes to	cuando se trata de
when least expected	cuando menos se esperaba
when push comes to shove	cuando no queda más remedio que encarar una situación o problema
when the chips are down	a la hora de la verdad
when the going gets tough	cuando las cosas empeoran
Where are you coming from?	¿Qué te traes?, ¿A qué viene eso?
where else	en qué otro lugar
Where's the beef?	¿A qué se debe la queja?, ¿Qué sustancia tiene lo que dices?
whether or not	si o no. Ejemplo: "Tell me whether or not you're going". (Dime si vas o no.)
whip up, to	activar; estimular; excitar
whipped	persona abusada por su cónyugue o pareja
whistle-blower	(1) persona que revela algo mantenido en secreto pese al riesgo que ello representa. (2) véase "snitch"
white collar	trabajador profesional
white elephant	algo que se posee y que resulta difícil de sostener, como una casa demasiado grande
white trash (vulgar)	persona blanca pobre e ignorante
whitewash, to	(1) encubrir; disimular (2) excusar; exonerar; absolver
whiz	talentoso
who but?	¿quién sino?

W

who knew?	¿quién lo hubiera sabido o sospechado?
Whoa, Nellie!	¡Espera!, ¡Para!
whole ball of wax, the	toda la historia
whole lot	muchísimo
whole nine yards, the	todo lo que viene al caso
whole shebang, the	todo
whole shooting match, the	el todo de algo
whoobang, to	chismear
Whoopee!	¡Viva!
Whoops!	¡Ay!
whopper	(1) mentirota. (2) algo muy grande
wig out, to	perder la cabeza
wiggle room	flexibilidad
wild card	persona, hecho, o acontecimiento impredecible
willy-nilly	quieras o no quieras; de buen o mal grado; de cualquier manera
wimp	persona floja, débil e ineficaz
wind down, to	(1) llegar gradualmente a un fin. Ejemplo: "The party was winding down". (La fiesta estaba terminando.) (2) relajarse. Ejemplo: "He wound down with a good DVD". (Descansó mirando una buena película.)
windfall	beneficio inesperado; algo caído del cielo
window of opportunity	oportunidad que se presenta
window-dressing	pretensión, engaño
window-shopping	salir a mirar los escaparates
wino	véase "lush"
win-win	situación o solución beneficiosa para todos
wiretap, to	escuchar en secreto una conversación telefónica
wise guy	persona engreída y muy segura de su ingenio e inteligencia
Wise up!	¡Espabílate!

wisecrack	chiste, broma
wish list	lista de cosas deseables o regalos, generalmente imposibles de obtener
wish somebody well, to	desear lo mejor a alguien
wishful thinking	ilusiones; sueños
wishy-washy	vacilante; indeciso; no confiable
wit, to	a saber; es decir
with a fine-tooth comb	algo que se revisa cuidadosamente
with a vengeance	con creces. Ejemplo: "It snowed with a vengeance". (Nevó de verdad.)
with all due respect	con el debido respeto; con la consideración merecida
with all the trimmings	con todos los adornos y accesorios
with bated breath	con ansiedad; con el corazón en un puño
with hat in hand	con humildad
with hindsight	a posteriori, en retrospectiva
with regard to	respecto a
with relish	con placer
with that in mind	pensando en eso
within reason	dentro de lo razonable
within striking distance	muy de cerca
without a doubt	sin duda
without a leg to stand on	sin nada en qué sostenerse
without fail	sin falta, sin fallar
without further ado	sin más hablar
without further delay	sin más preámbulos. Ejemplo: "And now, without further delay, here's the surprise". (Y ahora, sin más preámbulos, aquí está la sorpresa.)
w/o	"without" (sin)
womanize, to	ser un mujeriego
woozy	atontado; despistado; aturdido
wop (ofensivo)	italiano

word has it	dice la gente
word is out, the	algo que ya lo sabe todo el mundo
word of mouth	de boca en boca
word to the wise	buen consejo
Word up?	¿Qué pasa?, ¿Cómo andan las cosas?, ¿Qué hay de nuevo?
Words fail me!	¡No sé qué decir!, ¡Me faltan palabras!
work one's head/tail off, to	trabajar duro
work somebody over, to	dar una paliza
workaholic	persona obsesionada con el trabajo
workhorse	persona que trabaja como un caballo
workout	gimnasia
works, the	todo
world over, the	el mundo entero
worn out	exhausto
worry-sick	muy preocupado
worse/worst	peor/peor de todo
worst is behind us, the	lo peor ya pasó o quedó atrás
worst-case scenario	en el peor de los casos
Would you mind?	¿Le molestaría?, ¿Podría? Ejemplo: "Would you mind coming early today?" (¿Le molestaría venir temprano hoy?)
wrap up, to	terminar, acabar, concluir
wreak havoc, to	hacer estragos; dañar; destruir
write off, to	dar por perdido
writing is on the wall, the	(1) algo que es aparente, evidente; peligro que acecha o desastre que es inminente
written all over	algo que se nota a la legua
written in blood	firme, fijo, inmoble
written in stone	definitivo, final

wrong side of the tracks, the	sección pobre de una ciudad o pueblo
wrongdoing	fechoría; maldad. Ejemplo: "Her wrongdoing was the cause of her depression". (Su malvado comportamiento fue la causa de su depresión.)
wuss/wussy	véase "wimp"

W

X

Xerox, to	hacer una fotocopia, fotocopiar
Xmas	"Christmas" (Navidad)
X-rated	sólo para adultos debido a contenido sexual

Y

ya	"you" (tú/usted)
yakka	trabajo físico intenso
y'all	"you all" (ustedes, todos ustedes)
Yank	"Yankee" (yanqui)
yap	hablar sin parar
yard	billete de $100
yawner	aburrido
yeah	"yes" (sí)
Yeah, baby	Como digas, mi amorcito
yellow	cobarde
yenta	chismosa
yep	"yes" (sí)
Yikes!	¡Caramba!
Yippee!	¡Yupi!
Yo!	¡Eh!, ¡Oye!
You bet	Seguro. Desde luego. No faltaba más
You bet your life/bottom dollar	Puedes estar absolutamente seguro
You betcha!	"You bet I would!" (¡Desde luego!, ¡No faltaba más!)
You better believe it!	¡Sí señor!, ¡De acuerdo!
You can count on it	Puede contar con eso. Téngalo por seguro
You can say that again	Eso es verdad
You can swing it	Lo puedes lograr
You can take it to the bank	Délo por seguro
you can't have your cake and eat it too	no se puede oír misa y andar en la procesión

You dirty rat!	¡Miserable!, ¡Animal!
You don't say!	¡No me diga!
you get what you pay for	lo barato sale caro
You know what I mean?	¿Me entiende?, ¿Está claro?
you name it	todo lo habido y por haber
You watch	Ya verás
You're on your own	Tienes que valerte por ti mismo. Ejemplo: "If you lose your job, you're on your own". (Si pierdes el trabajo tendrás que valerte por ti mismo.)
You're telling me!	¡Me lo vas a decir a mí!
You've got to be kidding	Tienes que estar bromeando
young chick	jovencita
Your call	La decisión es tuya. Tú decides
Your guess is as good as mine	Quién sabe. Vete tú a saber
yo-yo	estúpido
yucky	repugnante, asqueroso
yummy	delicioso, exquisito
yup	"yes" (sí)
yuppie	"young-urban-professional" (persona joven, profesional, que trabaja en la ciudad)

Z

zapped	exhausto, extenuado
zero tolerance	inflexibilidad judicial, principalmente en el uso de estupefacientes o armas de fuego, conducción en estado de embriaguez o comisión de actos violentos
zilch	nada
zillion	enorme cantidad de algo
zillionaire	persona muy rica
zip	nada
Zip it!	¡Cállate!
zippo	nada
zone out, to	perder la concentración
zonk, to	aturdir; pasmar; asombrar
zonk out, to	(1) golpear. (2) quedar ebrio o drogado
zotz	cero, nada

Z

Apéndices

Lista de verbos ingleses usados en este diccionario, conjugados en sus tiempos básicos

La conjugación verbal de verbos ingleses es mucho más fácil que en español. El infinitivo se emplea sin cambio alguno para el tiempo presente, excepto por la adición de **s** o **es** a la tercera persona singular: (to fly)—I fly, you fly, he/she/it fli**es**, we fly, you fly, they fly.

La excepción son algunos verbos irregulares (identificados por (**i**) en las páginas siguientes), que de todos modos se conjugan idénticamente en las seis personas: (to go)—I went, you went, he/she/it went, we went, you went, they went.

En los tiempos compuestos, la única complicación es el cambio de **have** a **has** en la tercera persona singular: (to have walked)—I have walked, you have walked, he/she/it **has** walked, we have walked, you have walked, they have walked.

De este modo, en la expresión **have it your way**, usted puede encontrar el verbo **to have** en las páginas siguientes y ser capaz de expresar **have it your way, you had it your way, you have had it your way, you're having it your way**.

Infinitivo	Presente	Pretérito	Participio	Pasado	Gerundio
to crave	ansiar	crave/s	craved	craved	craving
to cry	llorar	cry/cries	cried	cried	crying
to cross	cruzar	cross/crosses	crossed	crossed	crossing
to cut (i)	cortar	cut/s	cut	cut	cutting
to eat (i)	comer	eat/s	ate	eaten	eating
to empty	vaciar	empty/empties	emptied	emptied	emptying
to dress	vestir	dress/dresses	dressed	dressed	dressing
to face	enfrentar	face/s	faced	faced	facing
to feel (i)	sentir	feel/s	felt	felt	feeling
to freak	asustar	freak/s	freaked	freaked	freaking
to get (i)	obtener	get/s	got	gotten	getting
to give (i)	dar	give/s	gave	given	giving
to go (i)	ir	go/goes	went	gone	going
to hate	odiar	hate/s	hated	hated	hating

Lista de verbos ingleses

Infinitivo	Presente	Pretérito	Participio	Pasado	Gerundio
to have (i)	tener	have/s	had	had	having
to hit (i)	golpear	hit/s	hit	hit	hitting
to hold (i)	sostener	hold/s	held	held	holding
to jump	saltar	jump/s	jumped	jumped	jumping
to keep (i)	guardar	keep/s	kept	kept	keeping
to kick	patear	kick/s	kicked	kicked	kicking
to know (i)	saber/conocer	know/s	knew	known	knowing
to last	durar	last/s	lasted	lasted	lasting
to laugh	reír	laugh/s	laughed	laughed	laughing
to lay (i)	poner	lay/s	laid	laid	laying
to lend (i)	prestar	lend/s	lent	lent	lending
to let (i)	dejar	let/s	let	let	letting
to lick	lamer	lick/s	licked	licked	licking
to lose (i)	perder	lose/s	lost	lost	losing
to love	amar/querer	love/s	loved	loved	loving
to make (i)	hacer	make/s	made	made	making
to move	mover	move/s	moved	moved	moving
to nail	clavar	nail/s	nailed	nailed	nailing
to name	nombrar	name/s	named	named	naming
to open	abrir	open/s	opened	opened	opening
to pass	pasar	pass/passes	passed	passed	passing
to pay (i)	pagar	pay/s	paid	paid	paying
to play	jugar	play/s	played	played	playing
to pull	tirar/jalar	pull/s	pulled	pulled	pulling
to push	empujar	push/pushes	pushed	pushed	pushing
to put (i)	poner	put/s	put	put	putting
to raise	levantar	raise/s	raised	raised	raising
to reach	alcanzar	reach/reaches	reached	reached	reaching
to read (i)	leer	read/s	read	read	reading
to ride (i)	montar/recorrer	ride/s	rode	ridden	riding
to roll	rodar	roll/s	rolled	rolled	rolling
to rub	frotar	rub/s	rubbed	rubbed	rubbing

Infinitivo	Presente	Pretérito	Participio	Pasado	Gerundio
to run (i)	correr	run/s	ran	run	running
to say (i)	decir	say/s	said	said	saying
to scrap	desechar	scrap/s	scrapped	scrapped	scrapping
to see (i)	ver	see/s	saw	seen	seeing
to sell (i)	vender	sell/s	sold	sold	selling
to send (i)	enviar	send/s	sent	sent	sending
to set (i)	poner/ colocar	set/s	set	set	setting
to shake (i)	agitar/ sacudir	shake/s	shook	shaken	shaking
to shop	comprar	shop/s	shopped	shopped	shopping
to shoot (i)	tirar/disparar	shoot/s	shot	shot	shooting
to show	mostrar	show/s	showed	showed	showing
to sit (i)	sentarse	sit/s	sat	sat	sitting
to sleep (i)	dormir	sleep/s	slept	slept	sleeping
to speak (i)	hablar	speak/s	spoke	spoken	speaking
to spill	verter	spill/s	spilled	spilled	spilling
to stand (i)	aguantar/ soportar	stand/s	stood	stood	standing
to stay	quedarse	stay/s	stayed	stayed	staying
to stick (i)	pegar/poner	stick/s	stuck	stuck	sticking
to stop	parar	stop/s	stopped	stopped	stopping
to take (i)	tomar	take/s	took	taken	taking
to talk	hablar	talk/s	talked	talked	talking
to think (i)	pensar	think/s	thought	thought	thinking
to throw (i)	lanzar	throw/s	threw	thrown	throwing
to touch	tocar	touch/touches	touched	touched	touching
to turn	doblar	turn/s	turned	turned	turning
to wait	esperar	wait/s	waited	waited	waiting
to want	querer	want/s	wanted	wanted	wanting
to whack	golpear	whack/s	whacked	whacked	whacking
to wash	lavar	wash/washes	washed	washed	washing
to work	trabajar	work/s	worked	worked	working
to wrap	envolver	wrap/s	wrapped	wrapped	wrapping

Selección de palabras hispanas usadas en el inglés actual

El inglés está muy nutrido de palabras de origen hispano que se han venido usando a través de los años. No estamos hablando de nombres geográficos o toponimia de Estados Unidos que suman muchos miles, ni de nombres históricos y culturales que también abundan, ni tampoco de nombres y apellidos de personas o patronímicos. Estamos hablando, específicamente, de palabras de uso común en el inglés estadounidense actual.

La influencia hispánica en Estados Unidos es muy vasta y profunda a partir del descubrimiento de Florida por Ponce de León en 1513 hasta principios del siglo 19. Dicha influencia abarca no sólo a las regiones del oeste y suroeste, como comúnmente se cree, sino a lo largo y ancho de lo que es hoy el país. Basta con decir que en 1763, trece años antes de proclamarse independiente Estados Unidos, casi las tres cuartas partes del continente estaban bajo el dominio hispánico, es decir, desde el río Mississippi hasta el Pacífico más toda la Florida y otros territorios dispersos. Esto, claro está, influyó grandemente en las costumbres, la forma de vida y el lenguaje de la nación norteamericana.

Muchas de las palabras que se incluyen en el glosario preservan aún su morfología antigua y original, mientras que otras han sido americanizadas o anglicanizadas, como hemos hecho nosotros con muchas palabras del inglés o anglicismos incorporados a nuestra lengua.

Para cada palabra se proporciona la etimología y equivalencia correspondiente y una breve definición o descripción. El vocabulario va dividido en cuatro secciones: General, Comida/Bebida, Animales y Música.

General

adios
Igual que en español y con el mismo significado, pero sin el acento ortográfico sobre la "ó". De "a Dios".

adobe
Igual que en español y con el mismo significado. Del árabe-hispánico "attúb", mezcla de barro y paja con la que se hacen ladrillos.

aficionado
Igual que en español y con el mismo significado; participio del verbo "aficionar", gustar de algo.

albino
Igual que en español y con el mismo significado; del latín "albinus", ausencia congénita de pigmentación en la piel.

alcove
Del español "alcoba" y éste del árabe-hispánico "alqúbba", dormitorio.

alfalfa
Igual que en español y con el mismo significado. Proviene del árabe-hispánico "alfásfas".

amigo
Igual que en español y con el mismo significado. Del latín "amicus".

apache
Igual que en español y con el mismo significado. Proviene posiblemente del lenguaje de los yumbos originarios del Ecuador y significa "gente". En Norteamérica son los indios nómadas de Nueva México y Arizona.

armada
Igual que en español y con el mismo significado. Se refiere a la "Armada invencible" del rey Felipe II contra Inglaterra en el siglo 16.

bandido
Igual que en español y con el mismo significado. Se usa mayormente en la región del suroeste de Estados Unidos. Del antiguo participio del verbo "bandir".

barbacoa
Igual que en español y con el mismo significado. Del taíno "barbacoa".

barrio
Igual que en español y con el mismo significado. Proviene del árabe-hispánico "bárri", exterior. Se aplicó originalmente al "Spanish Barrio" en Harlem, Nueva York.

bodega
Igual que en español y con el mismo significado que se le da en los países del Caribe: tienda de comestibles o víveres. Del latín "apotheca", almacén.

bonanza
Igual que en español pero con el sentido de prosperidad más que de "mar tranquilo o sereno", que es la acepción primera.

bracero   De "brazo", jornalero mayormente mexicano que emigra a Estados Unidos.

buckaroo   Del español "vaquero" y éste de "vaca", del latín "vacca".

cactus   En español "cacto" y éste del griego "kaktos".

cafeteria   Igual que en español y con el mismo significado. Proviene del español mexicano o nahua.

calaboose   Del español "calabozo" y éste del latín "calafodium".

cannibal   Del español "caníbal" y éste de "caríbal" (caribe: indígena de las Antillas: antropófago).

canoe   Del español "canoa" y éste del lenguaje taíno.

canyon   Aumentativo de "caño", paso estrecho y profundo entre dos montañas por el que puede pasar un río.

cape   Del español "capa" y éste del latín "cappa".

caramba   Igual que en español y con el mismo significado. Eufemismo por "carajo".

caravel   De "carabela" en español, embarcación de dos o tres mástiles usada por España y Portugal en los siglos 15 y 16.

cigar   Del español "cigarro" y éste posiblemente del lenguaje maya "sicar".

cinch   Del español "cincha" y éste del latín "cingula", faja.

cocoa   Del español "cacao" y éste del nahua "cacáhuatl".

cojones   Igual que en español y con el mismo significado. Vulgar. De "cojón" y éste del latín "coleo". Vulgar.

commando   Del español "comando", del verbo "comandar", y éste del latín "commandare".

comrade   Del español "camarada".

conquistador Igual que en español y con el mismo significado, aunque se refiere mayormente al conquistador español del siglo 16.

corral   Del español "corro", espacio circular.

chaparral   De "chaparro" y éste posiblemente del vasco "txaparro", mata de encina o roble.

chaps   Del español mexicano "chaparejos" o "chaparreras", pantalón de cuero grueso que usan los rancheros para protegerse las piernas.

chicano	Acortamiento de "mexicano". Minoría de Estados Unidos de origen mexicano que habita mayormente en el oeste y suroeste de este país.
desperado	Corresponde al español "desesperado" y posee el mismo significado; del latín "desperatus", delincuente.
dollar	Del inglés y éste posiblemente del germánico "thaler". Moneda española de ocho reales usada comúnmente en las colonias norteamericanas durante los siglos 18 y 19, también llamada "Pillar Dollar". En español "dólar".
doubloon	Del español "doblón" aumentativo de "dobla", moneda castellana de oro de la Edad Media.
embargo	Igual que en español y con el mismo significado. Del verbo "embargar".
espanol	Igual que en español y con el mismo significado, pero sin la "ñ". Del provenzal "espaignol" y éste del latín "Hispaniolus" de "Hispania", nombre dado por los romanos a España.
Feliz Navidad	Igual que en español y con el mismo significado. Canción de este nombre popularizada por el puertorriqueño José Feliciano, aunque en inglés "Navidad" es "Nativity" y no "Christmas".
fiesta	Igual que en español y con el mismo significado. Del latín "festa".
flotilla	Igual que en español y con el mismo significado. Diminutivo de "flota".
galleon	Igual que en español y con el mismo significado pero escrito con dos "l" y sin acento ortográfico sobre la "ó". Aumentativo del antiguo nombre "galea" por "galera", "embarcación".
gracias	Igual que en español y con el mismo significado.
gringo	Igual que en español y con el mismo significado. Se refiere a cualquier extranjero de habla inglesa, principalmente el de Estados Unidos. Peyorativo.
guerrilla	Igual que en español y con el mismo significado. Diminutivo de "guerra" y éste del germánico "werra".
hacienda	Igual que en español y con el mismo significado. Del latín "facienda", finca.
hammock	Del español "hamaca" y éste del lenguaje taíno.
hasta la vista	Igual que en español y con el mismo significado.

hombre Igual que en español y con el mismo significado. Del latín "homo".

hoosegow Del español "juzgado".

hurricane Del español "huracán" y éste del lenguaje taíno.

incommunicado Igual que en español pero con dos "m" en vez de una; dicho de un preso al que se le prohíbe la comunicación. Participio del verbo "incomunicar".

indigo Puede derivarse del mismo vocablo español y éste del latín "indicum", ya en desuso y llamado hoy "añil" (color azul oscuro y arbusto que lo produce proveniente de India.)

ingles Igual que en español y con el mismo significado, pero sin el acento ortográfico sobre la "é".

lasso Del español "lazo" y éste del latín "laqueus", cuerda con un nudo corredizo.

linda Igual que en español, nombre de mujer. Del latín "legitimus", perfecto.

machete Igual que en español y con el mismo significado. Diminutivo de "macho".

macho Igual que en español y con el mismo significado. Del latín "masculus".

manana Igual que en español y con el mismo significado, pero sin la "ñ". Del latín vulgar "maneâna", a hora temprana.

marihuana (marijuana) En español comúnmente "mariguana".

marina Igual que en español pero con el significado de "embarcadero", "puerto". Proviene del latín "marinus", ribera, orilla, costa.

matador Igual que en español y con el mismo significado; torero.

mulatto Igual que en español y con el mismo significado, pero escrito en inglés con dos "t" en vez de una. La palabra proviene de "mulo" que se usó originalmente refiriéndose a los mestizos o raza mixta.

nada Igual que en español y con el mismo significado.

nada Igual que en español y con el mismo significado. Del latín "nata".

navajo Tribu india de los "Apaches de Nabaju" en la región noroeste de Estados Unidos.

negro	Igual que en español y con el mismo significado. Del latín "niger".
nina	Igual que en español y con el mismo significado pero sin la "ñ". Ver "niño".
nino	Igual que en español y con el mismo significado pero sin la "ñ". De la voz infantil "ninno".
no comprendo	Igual que en español y con el mismo significado.
numero uno	Igual que en español y con el mismo significado, pero sin acento ortográfico sobre la "u"; de origen español o italiano.
ole	Igual que en español y con el mismo significado, pero sin el acento ortográfico sobre la "é".
padre	Igual que en español pero con el sentido de sacerdote o fraile.
patio	Igual que en español y con el mismo significado.
peon	Igual que en español y con el mismo significado, pero sin acento ortográfico sobre la "ó".
peso	Igual que en español y con el mismo significado. Del latín "pensum". Unidad monetaria de algunos países hispanos.
pinata	Igual que en español y con el mismo significado, pero sin la "ñ". Proviene del italiano "pignatta", olla barrigona.
pistolero	Igual que en español y con el mismo significado. De "pistola".
plaza	Igual que en español y con el mismo significado.
poncho	Igual que en español y con el mismo significado. Proviene del lenguaje mapuche de los antiguos araucanos (Chile) y puede ser una variante de "pocho" que significa "descolorido".
por favor	Igual que en español y con el mismo significado.
presidio	Igual que en español y con el mismo significado, aunque más se refiere a la guarnición de soldados o fortaleza establecidos por España y México entre los siglos 16 y 19.
problema	Igual que en español y con el mismo significado, aunque a veces se cambia la "a" por la "o" y se dice "problemo". Del latín "problema".
quinine	Del español "quina" y éste del quéchua "quinaquina", corteza del quino de la que se extrae un líquido curativo.

Quixote	Igual que en español y con el mismo significado, pero escrito con "x" en vez de "j". Personaje célebre de la obra de Miguel de Cervantes.
ranch	Del español "rancho".
rancher	Del español "ranchero", de "rancho".
rodeo	Igual que en español y con el mismo significado. Del verbo "rodear".
sambo	Igual que en español pero con "s" en vez de "z". Del latín vulgar "strambus", bizco. Se aplica generalmente al hijo de negra, india, o viceversa.
sarape	Igual que en español y con el mismo significado. Proviene del español mexicano o nahua.
savanna	Del español "sabana" y éste del taíno "zabana".
senor	Igual que en español y con el mismo significado, pero sin la "ñ". De latín "senior". Dueño o propietario de algo.
senorita	Igual que en español y con el mismo significado, pero sin la "ñ".
si	Igual que en español y con el mismo significado pero sin acento ortográfico sobre la "í".
siesta	Igual que en español y con el mismo significado. Del latín "sexta" (hora).
simpatico	Igual que en español y con el mismo significado, pero sin el acento ortográfico sobre la "á".
sombrero	Igual que en español y con el mismo significado, aunque se refiere mayormente al sombrero de ala ancha de los mexicanos. De "sombra".
stampede	Del provenzal "estampida".
tobacco	Del español "tabaco" y éste posiblemente del árabe "tabbaq".
tornado	Igual que en español y con el mismo significado; del verbo "tronar".
vaquero	Igual que en español y con el mismo significado; de "vaca" y ésta del latín "vacca". La palabra común en inglés es "cowboy".
vigilante	Igual que en español pero más en el sentido del que toma la ley en sus propias manos.

Comida/Bebida

amontillado
Igual que en español y con el mismo significado. Vino blanco parecido al de Montilla (pueblo de España).

arroz con pollo
Igual que en español y con el mismo significado.

avocado
De "aguacate" y éste del nahua "ahuacatl", testículo.

burrito
Igual que en español y con el mismo significado. Tortilla de harina de trigo enrollada y rellena de carne, frijoles y queso, típica de México.

cerveza
Igual que en español y con el mismo significado.

cocoa
Del español "cacao" y éste del nahua "cacáhuatl"; principal ingrediente del chocolate.

coconut
Del español "coco", haciendo referencia al fantasma infantil por su cáscara con tres agujeros parecido a una cabeza con dos ojos y boca.

Cuba libre
Igual que en español y con el mismo significado. Bebida cubana hecha con ron y Coca-Cola.

chile con carne
Igual que en español y con el mismo significado. Plato típico del suroeste de Estados Unidos.

chipotle
Igual que en español y con el mismo significado. Del nahua "chilpoctli", chile ahumado.

chocolate
Igual que en español y con el mismo significado. Del nahua "xocoatl", "xoco", amargo, y "atl", agua. Se confecciona con cacao y azúcar molidos, canela o vainilla.

chorizo
Igual que en español y con el mismo significado. Del latín "salsicium". Tripa rellena de puerco picado y adobada.

enchilada
Igual que en español y con el mismo significado. Del participio de "enchilar". Tortilla de maíz enrollada y rellena de carne y cubierta con salsa de tomate con chile típica de México.

garbanzo
Igual que en español y con el mismo significado. Origen incierto.

gazpacho
Igual que en español y con el mismo significado. Posiblemente del árabe-hispánico "gazpáco". Sopa fría con pedazos de pan, aceite, vinagre, sal, cebolla y ajo, típica de España.

guacamole	Igual que en español y con el mismo significado. Del nahua "ahuacamulli". Salsa muy espesa preparada con aguacate molido, cebolla, tomate y chile verde, típica de México.
jalapeno	Igual que en español y con el mismo significado, pero sin la "ñ". De la ciudad de Jalapa de Enríquez, capital del estado de Veracruz en México.
leche	Igual que en español y con el mismo significado.
lime	Del árabe-hispánico "laymún", limón verde.
maize	Del español "maíz" y este del taíno "mahís". Indígena de la América tropical.
Margarita	Igual que en español y con el mismo significado. Cóctel que se hace con tequila y jugo de limón.
mescal	Igual en español y con el mismo significado, pero escrito con "s" en vez de "z". Del nahua "mexcalli". Aguardiente hecho por fermentación y destilación del agave.
mojito	Igual que en español y con el mismo significado. Cóctel que se hace con ron, jugo de limón, hojitas de menta, azúcar y hielo picado.
oregano	Igual que en español y con el mismo significado, pero sin acento ortográfico sobre la "e". Del latín "origanum".
paella	Igual que en español y con el mismo significado. Arroz amarillo con mariscos típico de España.
papaya	Igual que en español y con el mismo significado. Origen caribeño, posiblemente del lenguaje taíno.
picante	Del antiguo participio de "picar". Salsa aderezada con chile picante.
pico de gallo	Igual que en español y con el mismo significado. Condimento hecho de tomate picado, cebolla y a veces con chile. Típico de México.
pimento	En español "pimiento", del latín "pigmentum", color para pintar. Originario de América.
pina colada	Igual que en español y con el mismo significado, pero sin la "ñ". Bebida de jugo de piña, ron y crema de coco.
potato	Del español "patata" y ésta del taíno "batata"; cruce de "papa" y "batata". Originaria de Perú y Bolivia y llevada a España por los conquistadores en el siglo 16.

quesadilla	Igual que en español y con el mismo significado. Tortilla de maíz enrollada y rellena de queso típica de México.
ron	Igual que en español y con el mismo significado.
saffron	Del español "azafrán" y éste del árabe-hispánico "azzafarán".
salsa	Igual que en español y con el mismo significado. Así se denomina también una música tropical muy popular. Toma el nombre de la salsa que se prepara con diferentes ingredientes, en el sentido de ser una mezcla de varios ritmos.
sherry	De "Jerez de la Frontera" (antiguamente "Xerez"), pueblo de España donde se originó este vino blanco.
sugar	De "azúcar" y éste del árabe-hispánico "assúkkar". Traída a América por los conquistadores en el siglo 16, posiblemente por Cristóbal Colón o Hernán Cortes o por ambos.
taco	Igual que en español y con el mismo significado. Tortilla de maíz enrollada y rellena de carne u otros ingredientes, típica de México.
tapa	Igual que en español y con el mismo significado. Porción de alguna comida que se sirve con bebidas.
tequila	Igual que en español y con el mismo significado. Nombrado así por el pueblo de Santiago de Tequila en Jalisco, México, donde se originó la bebida.
tomato	Del español "tomate" y éste del nahua "tomatl".
tortilla	Igual que en español y con el mismo significado. Diminutivo de "torta". Masa de maíz hervido en agua con sal y cocida en comal. Típica de México y otros países centroamericanos. También se denomina así la fritada de huevo batido que puede ser redonda o alargada, sencilla, o rellena de papas, jamón, etc. Es generalmente típica de España aunque existen otras variedades.
vanilla	De "vainilla", diminutivo de "vaina", cáscara. Planta originaria de América.
yucca	Igual que en español y con el mismo significado, pero escrita con dos "c". Proviene del lenguaje taíno y es la raíz de esa planta que se come cocida.

Animales

alpaca Igual que en español y con el mismo significado. Del aimará "all-paka", de la región del lago Titicaca entre Bolivia y Perú. Animal de la misma familia de la llama.

alligator Del español "lagarto" y éste del latín "lacartus".

armadillo Igual que en español y con el mismo significado. De "armado" por su caparazón. Animal mamífero propio de América del Sur.

barracuda Igual que en español y con el mismo significado. Posiblemente del lenguaje taíno. Pez de los mares tropicales.

bronco Del latín vulgar "bruncus". Caballo salvaje, sin domar.

burro Igual que en español y con el mismo significado. De "borrico".

condor Igual que en español y con el mismo significado, pero sin el acento ortográfico sobre la primera "o". Del quechua "cúntur", ave rapaz que habita en la región de los Andes.

coyote Igual que en español y con el mismo significado. Del nahua "coyotl", especie de lobo de México y el suroeste de Norteamérica.

cucaracha Igual que en español y con el mismo significado de la que proviene "cockroach".

jaguar Igual en español y con el mismo significado. Del guaraní "yaguar". Felino americano.

llama Igual que en español y con el mismo significado. Del quechua, variedad doméstica del guanaco pero más pequeño.

manatee De "manatí" (origen caribeño o arahuaca). Mamífero marino que vive cerca de las costas del Caribe.

merino Igual que en español y con el mismo significado. Del latín "maiorīnus". Oveja o carnero de lana muy fina.

mosquito Igual que en español y con el mismo significado. De "mosco".

mustang Del español-mexicano "mestengo" y éste del español "mesteño", cerril.

puma Igual que en español y con el mismo significado. Del quechua. Felino americano.

spaniel	Curioso origen de "espaignol" (provenzal) y originalmente del latín "Hispanicus", "Hispánico", de "Hispania", nombre dado a España por los romanos. Perro de raza.
toro	Igual que en español y con el mismo significado. Del latín "taurus".
turkey	Origen muy curioso. Animal domesticado por los aztecas y llevado a España por Cristóbal Colón y Hernán Cortés y de allí al resto de Europa. Colón pensando que había descubierto Asia, lo llamó "turka", que significa "pavo real" en el idioma tamil de la India. En España se le llamó después "tukki", palabra hebrea de la que se derivó "turkey". Fue traído a Norteamérica por los peregrinos y lo demás es historia.

Música

bolero	Igual que en español y con el mismo significado. De "bola". Canción y baile de ritmo lento originario de Cuba.
bongo	Igual que en español y con el mismo significado, pero sin acento ortográfico sobre la última "ó". Instrumento de percusión muy popular del Caribe.
castanets	De "castañuelas" y éste de "castaña". Instrumento musical de percusión típico de España.
conga	Igual que en español y con el mismo significado. De "Congo", baile popular de Cuba.
chachacha	Igual que en español y con el mismo significado, pero sin el acento ortográfico en la última "á". Baile típico de Cuba.
flamenco	Igual que en español y con el mismo significado. Baile andaluz agitanado.
guitar	De "guitarra" y ésta del árabe "qītārah". La palabra es de origen arameo y griego.
mambo	Igual que en español y con el mismo significado, de origen antillano. Música y baile muy popular de Cuba.
maraca	Igual que en español y con el mismo significado. Del guaraní "mbaracá".

mariachi
Igual que en español y con el mismo significado. Del francés "mariage", matrimonio. Música y baile típico del estado de Jalisco, México. Originalmente era una orquesta o banda que amenizaba las bodas.

pasodoble
Igual que en español y con el mismo significado. Baile típico español que imita el compás de la marcha de las tropas con paso doble en vez de ordinario.

rumba
Igual en español y con el mismo significado. Música y baile muy popular de Cuba. Puede provenir de "rumbo".

salsa
Igual que en español y con el mismo significado. Mezcla de ritmos cubanos y africanos por lo que se llama "salsa", es decir, una mezcla de distintos ingredientes.

tango
Igual que en español y con el mismo significado. Baile universal de origen rioplatense (Argentina).

timbal
Igual que en español y con el mismo significado. Del latín "tympanum". Especie de tambor.